偶有性《コンティンジェンシー》操縦法《マニュアル》

CONTINGENCY MANUAL

何が新国立競技場問題を迷走させたのか

磯崎 新

ARATA ISOZAKI

青土社

偶有性操縦法_{コンティンジェンシーマニュアル}

目次

まえがき　都市モデルと戦争モデル　6

I　理不尽なアーキテクチュア

1　うつふね　ARK NOVA　――二〇一一年九月　11

2　フクシマで、あなたは何もみていない。　――二〇一二年二月　29

3　近代国家のエンブレム　――二〇一三年九月　45

4　瓦礫と隊列　――二〇一六年一月　59

図版　成都の巨大建築とザハ・ハディド案　76

II　偶有性操縦法《コンティンジェンシーマニュアル》

1　「ハイパー談合システム」　――二〇一五年八月　81

2　「日の丸」排外主義《ショービニズム》　――二〇一五年九月　105
3　奇奇怪怪建築《ウィアード・アーキテクチュア》　――二〇一五年一〇月　133
4　「魔女狩り」　――二〇一五年一一月　153
5　「空地」が生まれた　――二〇一五年一二月　187
図版　祝祭都市構想―プラットフォーム２０２０　210
あとがき　磯崎新私譜　212

偶有性操縦法《コンティンジェンシーマニュアル》　何が新国立競技場問題を迷走させたのか

まえがき　都市モデルと戦争モデル

アイコン愛好症《イコノフォビア》と嫌悪症《イコノクラスム》が捻れ合うような「イコノクラッシュ展」（ZKM、二〇〇二）で、私の世界文化大革命時代の旧作『電気的迷宮《エレクトリックラビリンス》』（ミラノトリエンナーレ、一九六八）を復元する準備中に、WTCのツインタワーが崩壊《クラッシュ》。はからずもこの展覧会は世界を新しい型の戦争へと導くこの事件のライヴ放映までをも包含することになった。

金融街で小規模テナント用につくられるタワーに過ぎないのに容量だけが巨大であった。この民需建築に、民間ジェット旅客機を衝突させた。武器は使われていない。通常どこでも起りうる事故現場の光景が、戦闘機が軍艦を襲った「パールハーバー」を想起させた。大統領は「戦争だ」とつぶやき準備にかかる。一五年後の今日、新しい型の戦争が全世界を覆ってしまった。

『電気的迷宮《エレクトリックラビリンス》』展のとき、私は『ふたたび廃墟になったヒロシマ』と題することになるフォト・コラージュを制作した。ヒロシマの「平和」は「核の崇高」によってあやうく維持されているに過ぎないとすれば、事故は不意打ちのように起るだろう。「未来都市は廃墟だ」と説明した。いまや世界中いたるところが瓦礫の山になっている。「戦争」とは呼べない戦争が、「都市」を壊しつづけている。〈アーキテクチュア〉が自壊している。

私たちが自明の理とみてきた〈アーキテクチュア〉は元来「都市」モデルによって組みたてられていた。だが「戦争」モデルで補完されねばなるまいと、パラディオの晩年の仕事であるポリヴィウスの『歴史』イラストをみて考えた。とはいえ地上に在る「都市」空間ではなく、「サイバー」空間内での見えない何ものかとの戦争である。理不尽な振る舞いをするコンティンジェントな〈アーキテクチュア〉である。

I

理不尽なアーキテクチュア

1　うつふね　ARK NOVA

二〇一一年九月

1

津波は私の思考の、いや存在のはじまりにあります。といっても三・一一の大津波ではありません。いつ頃のことか正確にしらべたことがないのですが、わが家のいい伝えでは、歌舞伎の『地震加藤』の頃となっています。それまでは、瀬戸内海の西のはずれ、別府湾のなかに瓜生島というかなり大きい島があったらしい。現在は消えています。子供の頃に古地図をみたことがあります。本家筋の幸松家でみました。この島の中央に幸松（日本画家幸松春浦はこの家系の人）、東端に磯崎という地名がかかれていました。おそらく漁師だったのでしょう。瓜生島はある日、地震の後、海水がひいていって、南側の府内（いまの大分）と一瞬陸続きになり、このとき島民は歩いて高台に避難した。私の先祖もそのひとりだったのでしょう。海水が津波になって返ってきた後、島が消えていた、といういい伝えです。いま大分市内に瓜生寺（威徳寺）という寺院があり、その境内に一本の這松がありますす。これは津波で島から流されてきたといわれています。

小松左京が、プレート・テクトニクスがいわれはじめた頃、『日本沈没』を書いてベストセラーになりました。理論的に分かっていても、そんなことは起らない、ただのSFだと評されていた頃、彼に、いや、私の家のいい伝えからみて、リアリティがあるよ、といった記憶があります。今回の三陸沖や東南海のようなプレートの構造では説明が充分つくと思いますが、瀬戸内のような内海に大異変がおこるものかどうか、島が丸ごと消えるような地異がおこるのか、子供の頃はやっぱり疑問に思っていたのですが、この間の津波の跡の光景を写真でみると、わが先祖を想いだして、やっぱり島、つまり私の原郷は消えたのだな、と考えています。

津波をかぶったので、いま集落を高地にあげる計画なんかが議論されているようですが、こんな高地への移転はこの日本列島では歴史的に何度も起っているのです。高地性集落とよばれる、平地より四、五〇メートルの台地に、水田のレベルから集落を移したうごきが、弥生時代に三度おこっている（寺沢薫『王権誕生』、日本の歴史02、講談社）。瀬戸内海一帯に特徴的な現象だったらしく、これは国際的緊張が高まったための防御のためだったと説明されています。天変地異ではなく、倭国の乱かも知れないけど、不便覚悟で高地へ移動せざるを得ない。私は「トモダチ作戦」やフランス・アレバの原発事故救援への売りこみ作戦を連想しました。津波のような天災なのか、倭国の乱のような国際的緊張のためか。私は後でいうような国際関係において日本列島が二〇〇〇年昔のような緊張におかれているならば、集落移転じゃ間に合わず、首都移転で対応しなければなるまいと考えています。

移転するということは、それまで親しんできた土地を棄てることです。約束の土地程《エル・ドラド》の理想郷を求めるわけにいかず流民たらざるを得ない。私の先祖は島が消え、帰るところはなくなった。ともあれ対岸の大分附近に流れ住みついて、私で一七代目になり、先回の戦争で焼け野原となり、私の代からは東京流民なのです。菩提寺は大分にあるけど、骨をどこに収めるか決まっていません。帰っていく土地がなくなったとき何を手がかりにしたらいいのか。この間から、ジンギス・カーンの墓の近くに建物をつくる相談をうけています。その墓をみたい、というと、彼は遊牧民だったのだから、骨や人体にかかわる記録もない。あるひとつの場所を墓地と呼ぶ。そこがオルドスで、目下レアメタルの産地となり注目をあび、中国トップの平均所得の街になっている。だけど、ジンギス・カーンの骨はないそうです。

2

ポール・ヴィリリオと「斜めの都市」（一九六六）というプロジェクトを共同で制作したクロード・パランは、私の個人的な作品を世界にはじめて紹介してくれたパリで発行されていた『L'architecture d'aujourd'hui』（『今日の建築』）で、六〇年代のはじめ頃、不細工なコンクリートの塊のようにみえる「大分県医師会館」（一九六〇）でしたが、その編集長アンドレ・ブロックの助手をやっていた建築家です。どうして、日本的洗練のひとかけらもなかったこの私の処女作をとりあげてくれたのか。いま考えると、ひたすらコンクリートの量塊だけにみえること、これが構造的なアクロバットで空中に浮いている、こんな非機能的な面をみてとったのだと思われます。後に彼らが発表した仕事をみて推量するだけですが、ヴィリリオはその頃、ノルマンディーの海岸にドイツ軍がつくったトーチカの残骸を調査していました。いっぽうでパランは、フランスが国を挙げて取り組みはじめた原子炉の建築デザインをはじめます。人間的スケールを超えた圧倒的で暴力的なテクノロジーの力に耐える構造物。おそらく、耐えることが中心課題であったと思われます。六〇年代には、ぶ厚いコンクリートの量塊でした。その頃、ウィーンの市街の数ヶ所にナチがつくった耐空砲射陣地をどう扱うか、問題になっていました。数々の議論のあげく、その圧倒的な迫力を持つ構築物は保存されることになりました。今日でもみることができます。現代のリバイアサンとも呼べるでしょう（私の『建築の解体』にはその一部を紹介しています）。機能主義とはちがう新しいテクノロジーの崇高の美学がここにみられたためです。時代はこれを忘れようとしました。クロード・パランはアナクロニックな建築家、ヴィリリオは巨大テクノロジーの起した「事故の博物館」の提唱者へと長い間カッコにくくられてしまいました。

この間、大西洋に墜落したエール・フランスのフライトレコーダーが数千メートルの海底から深海用の潜水艦をつかってひきあげられました。巨大テクノロジーの事故を徹底して解明する執拗な意志です。私にはミシェル・フーコーが七〇年代の中期からコレージュ・ド・フランスで続けた〈生政治〉に関しての一連の議論が扱っている今日の統治する権力にひそむ意志と同質ではないかと感じていますが、誰かがその関連をうまく説明してくれるでしょう。私が関心を持ってきた建築・都市・テクノロジーの領域にひきつけていうならば、戦争や核エネルギーや遺伝子などの工学が、島（瓜生島）や都市（ヒロシマ）や数百キロに及ぶ海岸線（東日本大震災）が一挙に消滅したときに、如何なる対処の方法を持ち合わせているのか、という、いたって基本的な疑問です。コンクリートを厚くして、放射能の拡散を防止できたのか。フライトレコーダーをひろいあげて、エアバスをどれだけ改良できるのか。ノルマンディーのトーチカは世界で「いちばん長い日」をすこしだけ延長して、死者の数を増やしただけではなかったのか。それでも私たちはこの恐るべき崇高の美学に魅惑されているのです。

ロサンゼルスを東に走りパームスプリングという砂漠のオアシスへむかう途中の山峡に、この数十年間無数の風力発電のプロペラが設置され壮観ですが、これが景観を破壊していないと誰がいえるのでしょうか。いま政府は一〇〇〇万戸にソーラーパネルをとりつけるといって、自然代替エネルギーの開発をすすめようとしています。中国、雲南の昆明という戦争中に日本人がよくその名を聞いた省都があります。その郊外の住宅地のひとつではみわたすかぎりの住宅が屋根のうえにソーラー・パネルを挙げています。はたしてこれが美観といえるか。恐るべき光景です。

ウンベルト・エーコが『美の歴史』の次に『醜の歴史』を編んでいます。そのやりかたにならって、「醜の景観」とでもいうセレクションをするならば、私はロスと昆明の両方をいれます。一〇〇〇万戸がソーラー・パネルを屋根に挙げた光景を想像してください。不謹慎ないいかたですが、津波の跡の光景のほうが、よっぽど心に響きます。原発事故はみえないレベルで放射能を散らしている。水俣も同じでした。食物連鎖も似ています。いっぽうでクリーンと呼ばれるけど、風車もソーラー・パネルも量が増大するとこんどは景観汚染になる。どっちもテクノロジーの産物です。原理的にいずれが正しいかという二分法的な仕分けはできない。

とはいえ、両方ともやめるわけにいかない。すると確率論的な判断が議論されはじめる。結局のところ、両方をバランスよく使えというわけですか。

このロジックはフーコーのいう〈生政治〉がヒトの頭数を統治するという視点に編成されていることに起因するように私には想えます。もっと溯ればハイデガーが故郷喪失者の群を〈ダス・マン〉と呼んでいたのと同じです。バウハウスと同時期に語られていた抽象化された群衆＝〈ダス・マン〉の容器としての都市のイメージはヒルベルザイマー／ミース・ファン・デル・ローエ組によってシカゴで展開されました。アノニマスなものの崇高です。クロード・パランが原発のコンクリートの塊のデザインをやっている頃にイスラエルの原発をフィリップ・ジョンソンがやりましたが、これは量塊を神殿風に仕立ててありました。当時はデュビッフェやフォトリエのアール・ブリュットに結びつけて理解されたけど、やはりテクノロジーの崇高と感知されていたとみえます。フーコーのいう〈生政治〉は国家的権力がこれらの〈ダス・マン〉や〈ビオス〉を頭数として統治するシステムを考察していたわけですから、私たちが扱っていた近代都市はそれ自体として統治機構をそなえていなければならないけど、その手段の行使のされかたは、やはりテクノロジーの作動とそっくりだといえます。二〇世紀のはじめには人間的な機能主義と語られながら、半世紀過ぎると暴力的な装置が圧倒する力を崇高性としてこれに平伏されはじめる。あらためて権力がしゃしゃりでてきたともいえます。こんな一八世紀末にカントやバークが語った人間的美と、超越的崇高との対比が二〇世紀にテクノロジーの作動過程で反復されていたのです。

核の崇高は冷戦時代の物語でした。とはいえ巨大都市の生死と統治としての今日の世界がかかえこんでいる問題には、もっとこみいったかたちで崇高／美関係がはいりこんでいます。三・一一の原発事故は自然にひそむ暴力的な崇高が、安全という保障をしていたはずのテクノロジーを破壊したにすぎない。そして放射能汚染がはじまった。私たちは、津波による被災とちがうレベルの被災者にされているのです。崇高性に魅せられて、テクノロジーを駆使したはずのテクノクラートが疑われている。同じ仕組みで近代の都市を計画・設計、巨大開発に参画している建築家も同罪ではないか。代替エネルギーを得ようとすれば、先にのべたように景観汚染になる。統治の技法にかかわることを業にしてきたすべての職業にかかわる問題です。

3

津波で消えた瓜生島の伝説のひとつを私は子供の頃聞かされました。

この島には島民の信仰をあつめた地蔵菩薩があり、その顔が赤くなると、島は沈む、というい伝えがあった。悪ガキがいて、この迷信で騒がせようと、ある夜菩薩像の顔に朱を塗った。島民は驚きあわてて避難したけど、悪ガキは自分のしたことだとせせら笑って島にのこった。島とともに彼の姿は消えた、という話です。いろんな説明はつきますが、いま私がこのフォークロアから教訓を得るとすれば、「逃げろ！」ということです。予兆でも予測でも、予感でもいい。「逃げろ！」です。私の先祖はそうやって生きのびたらしい。いま私が生存しているのは先祖のひとりが非科学的・非論理的で単純でおろかしいが生きのびようと判断をして、避難できたからといわざるを得ない。アーキテクトの仕事を長年してくると、私は悪ガキと同じ立場に居させられたといわざるを得ません。迷信をあざ笑い、その反証をやってみる。それが今日の科学者のやりかたではないですか。原発の安全神話に荷担した科学者たちは、この悪ガキのシニシズムを共有していたにちがいあるまい。アーキテクトはテクノロジーを発動させる点において基本的に同じ役柄です。テクノクラートも同様でしょう。それが〈生政治〉における統治の技法になっている。いまでは国家戦略の立案や実行をやっている。アーキテクトは宿命的に社会的中心権力の側にいるのです。彼は迷信を信じてはいけないと自ら信じている。こんなメンタリティが構造的にうまれていると考えられます。

巨大津波の惨状をみて想うことは、瓜生島の島民のように、迷信を信じる愚者として、地蔵菩薩の顔が赤くなったという兆候をみて「逃げろ！」という側をえらぶことしかない、と考えます。それは〈生政治〉の統治の技法などかまわずに、統治される〈ビオス〉の頭数のひとつになる。生存が愚行によってしか保持できなければ、そうすればいいじゃないか。こんな単純な反応をしていたのです。

シンポジウム「震災・原発と新たな社会運動」（atプラス09）で報告したときに、アーキテクト／アーティストを再定義したのはそのためです。生、生存（権）が統治側からしか論じることができないのは何故か。通念となったアーキテクトの仕事の枠に〈ビオス〉がかつて顔の見えない群衆としての〈ダス・マン〉として組み込まれて久しく、そのうち、すべての判断が戦争と同じく、死体の数で決められる。ストック・マーケットのグラフと同じ扱いをされている。このメカニズムに対抗できるのは、〈ビオス〉を生きることだけを作品にしてきたアーティストじゃないのか。彼は迷信を直感で信じて行動している。さしあたり旧型のアーキテクトは失格していい。アーティストとして、「逃げろ」といえばいい。そして「つべこべいわずに、ヤレ!!!」、これが作品（プロジェクト）になるだろう。こんな無茶をいったのです。あげくにアーキテクトでありながら、アーキテクトの枠を踏み破ってしまった。そしてはた迷惑をかけつづけた事例をさがして、後醍醐帝とトーマス・ジェファーソンを、そうありたくないけど、それしかありえないアーティスト／アーキテクトとして持ちだしたりしました（「震災以後を生きるための50冊」現代思想　二〇一一年七月増刊）。建築や都市をやる同僚からは不評で、信用を落としてしまいましたが、この二人は、瓜生島の島民が「逃げろ」といったのと同じ気分であったアーキテクトとしての私の選択でありました。

4

『孵化過程』（一九六二）は私がはじめてアーティスト／アーキテクトとして発表したプロジェクトです。「都市の変貌は巨大な亀裂にはじまる」と書きだしてあります。このときまで、私は大学で都市計画を学んできたのだけど、ここは国家のテクノクラートの養成が目標でした。建物、都市、国土、さらには家族、社会、経済、国家にいたるまで、「計画」が可能と思いこまされていました。世界的にみて、社会主義国家は今日までそのなごりをひきずっているけど、資本主義国家でさえ同様でした。その流れが資本主義体制のなかで頓挫するのは一九七〇年頃の文化革命が既成の権力へ異議申し立てをやったあげく、この運動は挫折したけど、そのとき「計画」という大文字の概念も無効になりました。そんな事態への予感を秘めて、反「計画」をいわねばなるまい。リアルなデータにもとづいて、トレンドを引きだす近代の計画方法を否定するには、無根拠であってもいいが、変動のはじまる何かの契機が必要で、戦争や天災のような暴力的切断しかあるまい。巨大な破壊が起り、そのなかから、既存の情況と無縁のものが湧きでてくる。それを「孵化」と呼びその生成は絶え間なくつづくので、過程だけが眼にみえる。結末はもういちど破壊されて廃墟になるのではないか。短絡して、「未来都市は廃墟だ」といってしまいました。過程をエマージェント・システムとたまたまいってあった点は今日でも注目してくれるむきはありますが、廃墟のイメージだけが目立ってひとり歩きして、私は建設的でない趣味の悪いイメージばかりを提出する奴、という誤解をうけつづけております。あのとき、思いつきではありましたが、無根拠な事故や不意打ちのような天災が変貌（生成）の契機となるといってあったことが半世紀後に起こってしまった。

私は予言などできません。兆候を感知したわけでもありません。反計画をロジカルに考えていただけで、その光景を図化するのがアーティスト／アーキテクトの役割だと思っていただけです。だが現実に起ってしまった大津波の跡をみていると、今日までこの国家の戦略をつくってきた

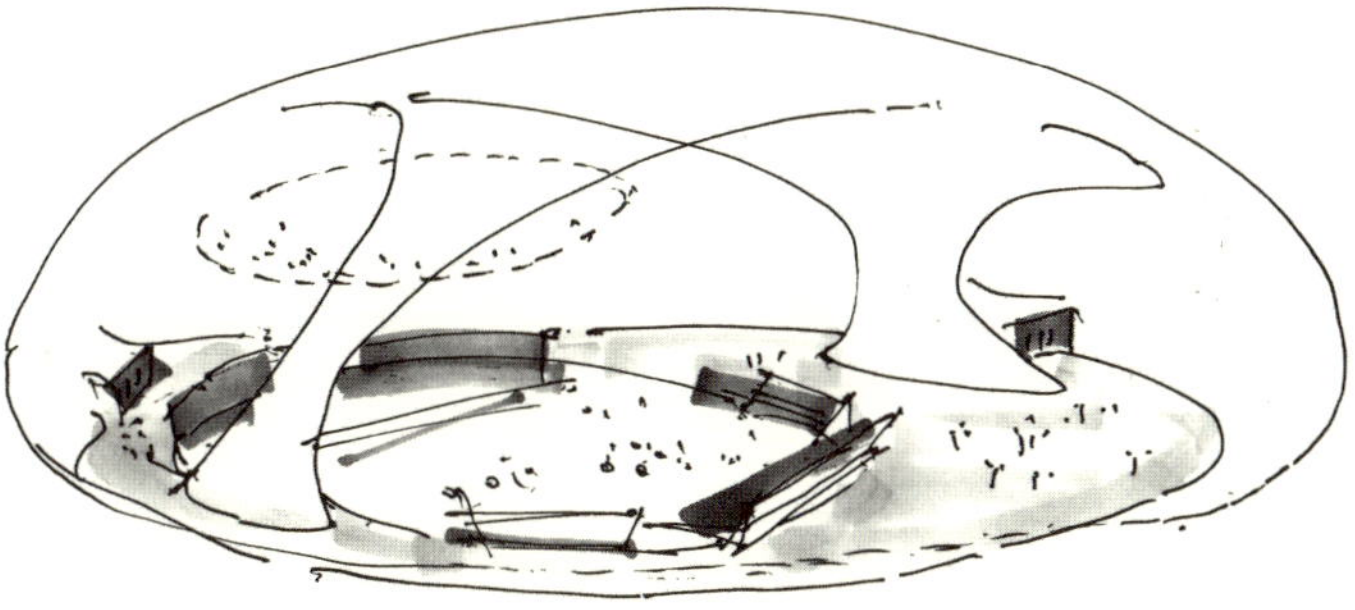

図　磯崎新氏による ARK NOVA スケッチ

政、官、学のテクノクラート達が持ち合わせていない別種の手がかりから新しいプロジェクトは組み立てられねばなるまい。不意の切断をいうだけでは幼稚すぎる。戦前の悪しき思想に近づいたが如くに誤解をまねくことを承知のうえで、「フクシマへの首都移転」構想を考え、この手がかりに日本列島上に神話構造線という眉つばものの図を描きました。誰ものってくれませんが、迷信を信じて大津波を生きのびた先祖たちのイマーゴをいま推量しながら、プロジェクトを仕立てたわけです。

これとは別に、いま進行させているARK NOVA(*)のプロジェクトを説明するときに「まれびと」を比喩につかっています。はたして、折口信夫の独自性の強いイマーゴの鍵コンセプトが、理解されてくるかどうか、私にはわかりません。だが移動コンサートホールを被災地へと運び演奏会を催すなど、半世紀以上むかしからの提案は、どんなこみいった説明をしても通じないでしょう。

〈まれびと〉もまた日本神話的構造線の一部なのではあるまいか。ARKをロゴとして西欧の神話から呼びだしました。日本列島には無縁です。とすれば芸能（音楽）をもって訪れた〈まれびと〉としての異人（ストレンジャー）こそが移動コンサートホールをもっとも適切なメタフォアたりうると思ってます。こんな具合で、ここでは、大洪水と大津波が自然の驚異的な力を代理することになりました。
これを建築と呼んでいいかどうかわかりません。

＊ＡＲＫ ＮＯＶＡプロジェクト　ルツェルン・フェスティバル（スイス）とＫＡＪＩＭＯＴＯ（日本）が、磯崎新とアーティスト、アニッシュ・カプーアを迎え、立ち上げた文化復興支援プロジェクト。『A Tribute to Higashi Nihon～東日本への贈りもの～』と題され、国内外のアーティストが移動式テント（予定席数：約五〇〇～七〇〇席）とともに東日本の各被災地を継続的に訪れ、演奏活動をする。ＡＲＫ ＮＯＶＡ（アーク・ノヴァ）と名づけられたこのホールは、クラシック音楽から、ジャズ、ダンス、マルチメディア、他分野にわたるアート・プロジェクトに至るまで、世界中の一流の芸術家や団体が集うユニークな空間になった。

松島（二〇一三）、仙台（二〇一四）、福島（二〇一五）と毎年ルツェルンと地元が交流する音楽会がひらかれている。

プロモーションのために制作したヴィデオに次のようなメッセージを挿入した。

梓弓を手に、空船に乗った
〈まれびと〉の訪れが、
村人のくらしをよみがえらせた
（日本のフォークロアより）

With a bow in hand, boarding a vessel,
The arrival of stranger,
Revived one's livelihood.
(From Japanese Folklore)

〈あずさゆみ〉	＝梓弓／	Azusa-yumi	= bow	→ instrument
〈うつふね〉	＝空舟／	Utu-hune	= vessel	→ ARK
〈まれびと〉	＝異人／	Marebito	= stranger	→ Music festival
〈むらびと〉	＝村人／	Murabito	= people	→ Tohoku-area

1　うつふね ARK NOVA

松島 2013

仙台 2014

福島 2015

2

フクシマで、あなたは何もみていない。

二〇一二年二月

原発を止めよう。誰もがいいます。私も賛成しています。だが、どんな手続きでこれが完了するのか、誰もその見とおしを示せません。わかっていることは、その廃棄物の処理に一〇万年かかるだろうということだけです。気の遠くなるような時間にたいして、いますぐ止めても、一〇〇年後になっても、誤差範囲だ。必要なら使えばいい。その前に地球の生態そのものが駄目になるのだから。エエジャナイカ、エエジャナイカ、……と踊り狂ったお伊勢まいりの様子をこの国の国会は再演しているようにもみえます。何しろ原発をこりずに輸出しようとしている。この三〇年程で、国家は資本に乗っとられたといわれてきました。死の商人に姿をやつしたのですね。外交のきまり文句が国益にかなうことという基準だから、この人たちは首相や大臣の肩書きの名刺のうらを「日本」K.K. の手代や番頭に刷りかえてもらいたい。

三・一一の当日、私は中国の中西部開発に呼びだされていて、東京に帰れず、一〇日あまり漂民生活をしたあげく、帰京したとたんに倒れました。心因性大動脈解離であったと診断され、戦力外通達された気分で自宅にこもっていました。勿論六・一一の反原発集会には行ったのですが、体力不足でデモにもまれると危いといわれ、押し合いへし合いする街頭でもっとも整然と秩序を保つコーナーをみつけ、ここに陣取りました。数台の右翼の街宣車が並び警察はロープを張ってかこいこんでいました。この縄の横が一番安全とみえました。

　五〇年前を想いだしました。

　日米安保条約の批准が深夜に成立した一九六〇年六月一九日の明け方、私は首相官邸の前の十字路で門扉を護衛する右翼の一群とむかいあっていました。大型の装甲車が一台放置され、彼らはそのまわりをとりかこみ、何人かは車台に立って睥睨していました。連日のデモで双方くたびれ果てており、日が昇ると、一番電車が動きはじめるので、流れ解散となりました。

　国会議事堂は炎上しませんでした。街頭では右翼のほうが統制がとれていることはこのときの経験で知っていました。五〇年昔は安保・賛成と反対と対立する立場上、一触即発の緊張感があったのに、今度は挙げているスローガンをみると、彼らも原発事故に抗議しているらしい。一般市民側も異口同音に反対している。私には細部の区別がつきません。新宿駅前の現場では、双方マイクでどなっている。内容は聞きとれません。音楽のちがいだけは歴然です。プロテスト・ソングと軍艦マーチ。警察は何故か区別したがっているようで、少数派の右翼がロープでかこいこまれていたのです。

　大群衆のうごめく会場整理の技法は五〇年間に精度をあげました。この国では六ヶ月で六〇〇〇万人余が訪れた大阪万博（一九七〇）の際に真剣に開発されました。その前の情況は、天安門広場の紅衛兵一〇〇万人集会（一九六六）とウッドストック音楽祭の四〇万人集会（一九六九）のそれぞれの記録映画をみるといい。ぎっしり座った紅衛兵たちがトイレに立たぬようにプロの公安が飲料水制限をやっています（毛沢東が大うつしになるのでこんな話はカットされたようです）。いっぽうでは夕立に襲われて、豪雨の野原を逃げまどう。ジミ・ヘンドリクスが破れギターで『星条旗』（アメリカ国歌）を水たまりのなかで演奏するシーンが圧巻です。このときはまわりに逃げて行ける牧草地がまだ残っていた。都市ではなかったので収まりました。勿論、パリ、プラハ、新宿の街頭は抗議デモやバリケードで戦場のようになりました。その規模は建物で区切られていたのでむしろ制御されており、せいぜい一九世紀以来の市街戦の反復です。

これらの六〇年代末に世界で同時多発的に発生した街頭での群衆のうごきはたちまち収束してしまいましたが、実は得体の知れない大きい問題が都市に発生していたことの兆しでした。単純なことです。「巨大数《グレーター・ナンバー》」という人間がそれまでのやり方ではとり扱うことが無理な量が発生したのです。人口増とその集中によって都市は巨大化せざるを得ない。つられて、生産やその流通でも桁がちがってきます。大量数の計算をやらねばならない。もはや領土は増えないため開発によって密度を上げることになる。歴史的に都市建設のためには地上だけで処理する技法しかなかったのに、地中も空中も海上も、都市の拡張先として開発対象になる。数々の識者がいうように、テクノロジーが都市をゆすりはじめたのです。機械を用いて人間に数々の恩恵を与えていた頃はよかった。これが何故か、いや理屈はついていますが、暴走をはじめてしまった。都市が肥大すると、ここに住む人間は個別の顔を失って、頭数で数えられはじめる。〈ビオス〉が単位になったのです。この仕組みも識者が解明してくれています。分かりにくいのは、というより間違ったのは、一方的に量的に拡大する大都市《メトロポリス》がユートピアへむかっているぞ、と語られたことです。語義どおりに、「どこにもない場所《ノー・ウェア》」なら深刻に考えたでしょうが、何故か「地上の楽園《パラダイス》」あるいは「約束の土地《エル・ドラド》」と理解されてしまった。結構な未来の夢物語にされていたのです。

二〇世紀の中期までに、地球上にはいくつも大都市《メトロポリス》が出現しました。建物や交通などのテクノロジーが膨張させてうみだされた〈都市〉です。街頭には無名の群衆があふれています。容器も中味ともども「巨大数《グレーター・ナンバー》」です。

一八五一年、世界ではじめての万国博がロンドンでひらかれたときもっとも注目されたたのは、鉄とガラスのプレハブ・ユニットによってつくられ組み立てられた長大なクリスタルパレスと呼ばれた建物でした。透明でありながら無限の奥行を持つかにみえる空間が歴史的にはじめて出現しました。その崇高性に酔った、と記録されています。このとき「巨大数《グレーター・ナンバー》」がそれに包まれた人間の感覚を変えるほどの構築物として出現したといえます。それはあらたな快感でした。「巨大数《グレーター・ナンバー》」が、その臨界に到達する瞬間を感知するときの〈快感〉です。

タイタニック号の進水式で、号砲とともにシャンパンの瓶が割られる瞬間。

ツェッペリン練兵場での「帝国党大会」の参列者をとりかこむ一五〇台のサーチライトが一気に一〇〇〇メートルの光の列柱を出現させた瞬間。

スプートニクから「地球は青い」という声が聞えてきた瞬間。

同じ種類の〈快感〉を、「マンハッタン計画」に参加した科学者達が歴史的にはじめて原子核爆発を起して臨界実験が成功した瞬間に感じた、と告白しています。それは「技術的な革新《テクノロジカル・イノヴェーション》」がうみだした「科学の恰好よさ《サイエンティフィック・スイートネス》」だったといっている。「恰好いい《スイートネス》」と感じたことを非難できる人がいるでしょうか。すくなくとも一世紀間、科学者も技術者も建築家も、芸術家さえも、この瞬間を捜しもとめてきたのです。失敗、成功、実現、破壊、どうでもいい、臨界の瞬間を感知することの快感です。

昨年が生誕一〇〇年だった岡本太郎はヒロシマを爆発の一八年後に訪れて、『瞬間』という文章を書きました。（一九六三年八月三日・四日、朝日新聞）これは「原子雲を見た広島の人の素朴な言葉――……あの赤とも黄ともいえぬ綺麗な雲は何ともいえん綺麗でしたよ」（蜂谷道彦『ヒロシマ日記』）の引用からはじまっています。そして、「誇らしい、猛烈なエネルギーの爆発。夢幻のような美しさ。だがその時、逆に、同じ力でその直下に、不幸と屈辱が真黒くえぐられた」と自らの文章をはじめます。日常が回復し、平和記念公園にある慰霊碑に観光バスが訪れる有様をみて、「平和」という言葉にひっかかり、「何というニブサだろう。ナンセンスだ。明らかに筋がすりかわっている」と怒りはじめる。

数年後に太郎はメキシコに呼ばれ、いま渋谷駅に展示されている大壁画「明日の神話」（一九六九）を制作します。「過去の事件としてではなく、純粋に、激しく、あの瞬間はわれわれの中に爆発しつづけている」と記してあったものをそのまま壁画に拡張していると私にはみえます。壁画の中央は爆発する人体です。作者本人も骸骨になるまでバラバラになったのでしょう。斜線の飛び散るむこう側に放射能を浴びてあえぐ群衆やビキニの灰をかぶった福竜丸らしい船も描かれているので、この壁画はヒロシマの爆発の瞬間をアレゴリカルに主題としたとみてとれます。さらに推測するならば、「芸術は爆発だ！」とその後四半世紀にわたってメディアのなかにみずからの身体を曝して演じつづけたのは、「夢幻のような美しさ」が同時に「不幸と屈辱」となったあの瞬間の惨劇を「平和」へとすりかえてしまったその後の世界のお目出たさを、悪意を抱きながら警告する使徒たろうとしたのだと私は考えます。

広島は平和都市と呼ばれています。その段取りは、爆発の二年後ぐらいに、地元の発案とされていますが、占領軍の文化政策として検討がはじまり、一九四九年には、まだ占領下であった日本の国会で「広島平和記念都市建設法」が採択されます。このとき浮かびあがった平和というコトバが、その後の復興計画のすべてに被せられて、平和記念公園が計画され、建築家丹下健三の世界へのデビュー作となりました。「安らかに眠って下さい過ち繰返しませぬから」と刻まれた慰霊碑がここに置かれています。日本人の手によってかかれたこの文章には主格がない、と太郎はいいます。だれの責任において繰り返しませんといっているのか、と怒ります。私は（この文章の書かれた年の翌年の正月に太郎の大きい展覧会の会場構成をやるなど）個人的につき合っていたのでよくおぼえているのですが、太郎はこの頃から目玉をむきはじめたのです。平和を当然のこととして満喫している観光バスの乗客に腹を立てている。平和なんかいうな。「悪夢を忘れ去りたいのなら、八月六日を被爆記念日と呼べ」といいます。正論です。

冷戦時代になってからアメリカが核保有する力によって世界的に戦争を抑止することを「パックス・アメリカーナ」といいました。核によって平和を維持してるぞ、と示威しているのです。「平和」都市ヒロシマに冠せられたのも同じ「パックス」だった。そう考えれば、あの慰霊碑の文章の主格はアメリカ以外のだれでもない。「科学の恰好よさ《サイエンティフィック・スイートネス》」に酔ったマンハッタン計画に従事したオッペンハイマーや多くのノーベル賞受賞者たちと、その核爆発を政治的に決定した大統領以下のテクノクラートたちの言葉であって、被爆したヒロシマ市民ではないはずです。このどうしようもない現実にいかに地団太踏んでも追いつかない矛盾を一身に背負って、みずから爆発するしかない。太郎はそれだけ日本を愛していたのです。太郎は主格のない日本語では曖昧にしか発語できていません。そこでメキシコで、シケイロスの美術館のまん前で、『明日の神話』を描いたとはいえませんか。この壁画の中央にある醜悪な爆発する人体は、太郎自身の自画像です。

アラン・レネが映画化したマルグリット・デュラスの『ヒロシマ・モナムール』（日本での題は『二十四時間の情事』、一九五九年公開）は平和を主題にする映画のフランス人主演女優が、広島の平和記念公園のホテルでこの地の日本人建築家と出逢った一日だけの逢瀬の物語という設定です。抱き合った二人の裸体に灰が降りつもるシーンからはじまりますが、このとき、原水爆禁止のデモも、数々の被爆した人体や物体やその影の痕跡などの記録写真も、爆発直後の地獄のような惨状の再現映画もすべてみつくしたというフランス人女優にむかって、日本人の建築家は、「ヒロシマで、あなたは、何もみていない」というフレーズをひたすら繰り返します。丹下健三が設計した慰霊碑も資料の陳列館も、会議場もホテルも登場します。すべてみられてしまっているのに、それでも、この建築家は「何もみていない」というだけです。映画はそれ以上語りません。このフレーズだけが謎のように残ります。こんな韜晦《とうかい》を仕組んだのはデュラスかレネか、共謀なのか。どうでもいいことです。文字でも映像でも伝達できない何か得体の知れないものがひき起した事件に出逢ってしまった。それは何だったのか。

私が建築家を志して、丹下健三のもとで学ぼうと決めたのは、学生の頃、一面の廃墟だった広島の街を訪れて平和記念公園と呼ばれることになる中洲の墓地の背後に、有無をいわさぬような姿でコンクリートの塊が立ちあがりかけている光景をみたからです。生意気に屈折していたので、当時誰もがかかげた、復興とか平和とかを信じていません。焼け跡派と呼ばれた一九三〇年前後生まれの私の世代に共通した感情だったと思います。その若造が、原爆ドームの川むこうに、理屈にならない物体が出現しているのに感動したのです。そして、ここにつくられていった一連の施設の一部などを手伝ったりしたあげく、それをロケ地にした『ヒロシマ・モナムール』の謎めいた言葉に、あらためてひっかかりました。何がみえてないのか。原水禁の平和運動とは違う。「原爆之図」のような語り部のいうことだけでもない。地団駄踏む太郎ともかかわりない。みわたす限りの焼け野原でした。この街に住んでいた人々をとりかこんでいた建物や電柱や看板が一瞬のうちに消えてしまった。「消滅《アニヒレーション》」。ひとつの大都市が消滅したのです。その規模は人口とか市域とか、死者数とか破壊戸数といった抽象的な数字でしか伝達できません。二〇世紀の大都市がかかえこんだ「巨大数《グレーター・ナンバー》」という怪物ではないのか。あの核爆発はその「巨大数《グレーター・ナンバー》」をさえ瞬間的に消去してしまったのです。私は歴史的には最初の事例になった「巨大数」による「消滅」の光景をみていたのではなかったか。デュラスもレネも感知していたと思います。だが名指すことはしません。もともと文学でも映像でも伝達できない。メタフォアも使えない何物か。とすればアレゴリー。

太郎は日本の絵画の歴史において殆んど唯一人アレゴリーとむかい合った画家でした。赤い兎（それは供犠のための心臓）、黒い太陽（それは悪魔の仕業といってもいいような破壊のエネルギー）これらを作品の詩的主題にした人でした。核爆発は「巨大数」となった都市でさえ「消滅」させる事件だった。平和とか復興とかいい加減なことをいってくれるな。マルセル・モースから学んだように人類には供犠の心臓（赤い兎）が必要なら俺のものをさしだそう。大都市さえ消滅させる核爆発を停止させるには、俺自身の身体を爆発（黒い太陽）させて供犠としよう、こんな具合いに考えていたと私は思います。絵画的表現としては決して上手でない。『明日の神話』を制作し、ひきつづいて、おもてに金色の顔（日本初の原発が発電した光線がここから発射された）がつき、裏に（お祭り広場の玉座の後背となる）

黒い太陽をつけた『太陽の塔』（一九七〇）をつくることになりました。

国際舞台で私がはじめてデビューできた『電気的迷宮』（ミラノ・トリエンナーレ、一九六八）で私は「巨大数《グレーター・ナンバー》」を扱うために、もういちど学生の頃に広島を訪れたときにみた光景を呼びかえし、「太陽の神話」の三分の一ぐらいの大きさしかなかったのですが、『ふたたび廃墟になったヒロシマ』と題した壁画を制作しました。「巨大数」であったひとつの大都市がこれまた「巨大数」の爆発によって「消滅」してしまったが、あの得体の知れない物体の出現によって「巨大構築物《メガストラクチャー》」へと成長したのに、ふたたびそれが核爆発によって「消滅」し、原爆ドームのようにメガ構造体の瓦礫が残される。未来都市はその廃墟のうえに立ち現われると記しました。私には平和都市広島に冠された「平和《パックス》」は、とてつもない欺瞞にみえたのです。

フクシマでなくヒロシマばかりを語りました。原発でなく原爆ばかりについてです。私がいまおそれているのは、ヒロシマを平和の象徴に見立てるという政治的な善意ともみえるスローガンが実はとてつもない悪意として働いて、結局のところ核廃絶ができてないという現実です。日本の首相やアメリカの大統領が核を排除するとか廃絶するとかリップサービスをしてノーベル平和賞をもらっています。密約がバレたり、票あつめの手段だったといわれても、彼らは受賞者として表彰されたのです。核爆弾を開発したのもやはり受賞者たちです。賞金はやはり爆発物をつくってもうけた罪ほろぼしの基金だから、リップサービスでも結構というのでしょうか。

いいたいのは、原爆を禁止できなかったのに原発をどうやって止めるのだろうかと、私はひたすらおろおろしているのです。「平和《パックス》」というトリックにひっかかって半世紀が無駄になりました。今回は「きれいなエネルギー」というトリックがもうけられています。CO_2を減らすといいながら放射能汚染をふやしているだけです。

「巨大数《グレーター・ナンバー》」を扱うことで私たちの文明がやっと維持されるという仕組みが二〇世紀の中期にできあがってしまった。その扱いに失敗したために暴走している。数々の識者が調教者のように数々の大著を出版していますが誰も「巨大数《グレーター・ナンバー》」は調教相手にしてくれない。せいぜい「平和《パックス》」は善意や希望じゃなくて、悪意ある暴力だったと教えてくれるぐらいです。これでは「巨大数《グレーター・ナンバー》」は収まらないのです。虚数のほうがよっぽどやさしい。

もういちど半世紀前のコトバ、「あなたは、ヒロシマで、何もみていない」をリフレーンせざるを得ないのでしょうか。このたびは、「フクシマでも」とつけ加えたとしても。

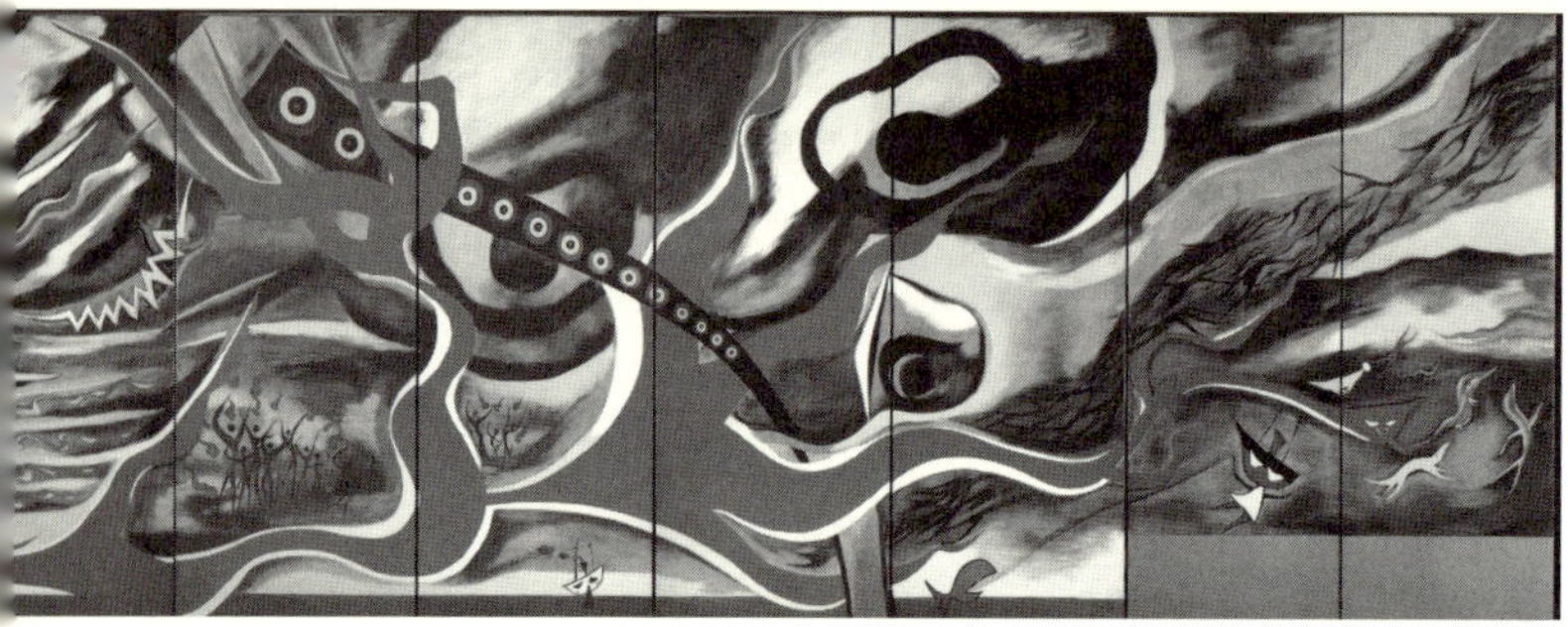

岡本太郎『明日の神話』1969　岡本太郎記念館提供

磯崎新『ふたたび廃墟になったヒロシマ』1968

3 近代国家のエンブレム

二〇一三年九月

梁思成と丹下健三

日本にとって一九四五年とは、第二次世界大戦が終結し、社会的制度と生活意識が大きく転換した、建築史や文化史上の区切りとされる。ただし、「近代建築」という枠組みからすると、むしろ一九三五年のほうがはるかに根本的な転換点である。ここでインターナショナリズムが全面的に後退したからだ。バウハウスのあったドイツでも、構成主義アバンギャルドのロシアでも、社会主義と民族主義の統合が論じられるようになった。だがこの統合を魅力的に形成できたのはメキシコのモダニストだけだった。そして日本では、この統合は一九五五年頃におこなわれたのではないかと私は考える。技術に依存することで全球的に普遍性を持った近代建築が、その理念のなかから排除していた民族や伝統、風土や遺産などをデザインの主題として取り込まざるを得なくなった。

一九三五年、日本の丹下健三はまだ東京帝国大学工学部建築学科の学生であり、このときはル・コルビュジエを礼賛する純正モダニストであった。しかし一九四〇年代に入ると、「日本主義者」のレトリックを駆使する反動的ラジカリストになっている。回心があったのだ。

一方、同時期の中国では、国民党に追われた共産党分派が井崗山から「大長征」に出発した途上にあり、遵義会議で毛沢東が実権を握った。この時期、ペンシルバニア大学を卒業して帰国した梁思成は、林徽因と設計事務所を開設した後、国民党政権が開設した国家文物研究所のスタッフとなり、古建築の調査を広範に開始していた。日本軍の侵攻により、民国政府が南京から重慶へ移動したとき、この研究所も四川省へと場所を変えた。これらの仕事はいずれ『中国建築史』としてまとめられる。梁思成はアメリカでは「ボザール・モダン」と呼ぶべきモダニズムを学んでいる。それは、帰国してすぐに手がけた北京大学女子寮（一九三〇）のデザインを見ればよくわかる。古建築の実測調査の結果は一九四四年頃にはまとめられていたと思われるが、戦乱のさなか、発表する機会がなかったが、国連ビルの設計討議に参加した前後におけるアメリカの大学での講義のための英文ノートは『A Pictorial History of Chinese Architecture』としてまとめられ、一九八〇年代には出版されている。

梁思成は、一九四九年の新中国建国後、国章や人民英雄記念碑といった数々のナショナル・アイコンを創作した。そのため、この建築家の『中国建築史』は重要である。丹下健三の広島平和公園のメモリアルを語るときに、「純粋現代主義者」としてル・コルビュジエを礼賛する言説と、日本主義者として「日本国民建築様式」を提示した一九四〇年前後の言説を参照することは当然である。それと同じように、梁思成の『中国建築史』はもっとも重要な参照物になる。

梁思成の中国建築史の記述内容の正否をいう資格は私にはない。せいぜい英文版が読めるだけだし、掲載されている図版は、梁思成本人が調査結果を図面化し、現場で三脚をたてて撮影した写真に限られている。ただ、梁思成が遺跡や建造物に直接対面し、それをフィールドノート風に採集したすえに描き上げた建築図面からは、彼がアメリカン・ボザール風の図面表現を学んだことは読み取れる。清末から中華民国初期までは、中国の文物研究は日本の研究者の独壇場だったといわれているが、日本人は中国各地に実測調査に旅し、多くの研究報告がなされている。梁思成がそれらの研究を参照した風にはみえない。日本語の報告はとどかなかっただろう。梁思成の描いた山西省の大同善化寺大雄殿や仏宮寺釈迦塔の図面は、建築図面の傑作であろう。日本にも、学院派風の図面を学んだ建築家の仕事はあるが、その出来具合は梁思成のものとは較べものにもならない。

梁思成は、中国の歴史的建造物を、モダニズム建築家として観察記録していたといえる。先に述べた通り、私は一九四〇年頃、丹下健三が国際建築へむかう純正現代主義から「日本主義」者へと回心したのではないかと考えるが、物証がないので推定に過ぎない。同じように、梁思成についても推定しかできないが、アメリカからの帰国直後の時期の学院派現代主義的な建築の設計から、一九三〇年代中盤以降における中国各地での歴史的建造物の調査、そして四川省へと根拠地を移して以降における『中国建築史』の草稿執筆などは、丹下と同様の変遷を思わせる。梁思成は古建築の「実物」を調査しながら、中国における建築史を「中国的なもの」の歴史として書き替えたのである。

梁思成の『中国建築史』第一章は「中国建築之特征」と題されている。このことは、日本においては堀口捨己が「日本的なもの」を問題構成したのと同様な姿勢に裏打ちされていると私は考える。堀口捨己は、学院派建築のコロニアル版と呼んでもいい「帝冠様式」への批判をしながら、建築における「日本的なもの」を思考した。一方、中国では南京の孫中山陵のような「帝冠様式」的建築がほぼ「国家様式」であった。こうしたなかで梁思成は、「実物」を実地調査することから出発し、現代主義を忘れ、『営造法式』をモデルにその記録を作成したと思われる。もちろん、そのときには、ウィトルウィウス由来の西欧建築の基本形式に従って、中国建築を斗栱／柱／柱礎というオーダーとして理解した。『営造法式』を紹介する際にも、ギリシャ由来のエンタシスがこの宋代の本にも記されていることを指摘している。

私が注目するのは、梁思成が「中国建築の特性は木材による柱梁架構にあり」と書籍の最初で断言していることである。この断言は、梁思成が中国建築を「構築的」とみなしていることと理解できる。建築評論家の浜口隆一は、『国民建築様式論』において、西欧と日本の建築的特性の違いを西洋＝「物体的・構築的」／日本＝「空間的・行為的」と整理したが、この区分基準に従うならば、梁思成の指摘する「中国的なもの」はすぐれて西欧的なものといえる。また、書籍冒頭に掲載されている、柱礎から斗栱までを示した中国的柱式図も注目される。梁思成はこれを社会的格式に応じて用法が限定されていることを記している。この視点は、宋代の『営造方式』ではなく清代の『工程做法則例』が参考にされていると思われるが、それは梁思成が扱う建築が「官製」（仏寺をふくむ）のビルディング・タイプであるから当然のことだろう。建築は、社会的制度の一部に組みこまれてきた。

浜口隆一は西欧の建築を「物体的・構築的」、日本の建築を「空間的・行為的」と特徴づけた。アルベルティ以来の西洋建築論の系譜にもとづいて、梁思成が架構性こそを「中国的なもの」の中核に据えたことは納得できる。それにたいする「日本的なもの」としての日本建築の特徴を如何なる根拠でとりだしたのか。私は、先行する研究として、建築史家・足立康が一九三三年におこなった「間面記法」という日本建築の記述法の解読と、堀口捨己が一九三二年に執筆した「茶室の思想的背景と其構成」を挙げたい。この建築史家と建築家の両名は梁思成とはほぼ同年輩である。

日本の建築物は古くから「三面四間」といったように記述されてきたのだが、明治期になると、「間」と「面」がそれぞれ何を指すのかが不明となり、古文献の読み間違いがよく生じる有様となった。しかし、足立康は、この「間面記法」が、近代以降の日本で移入された西洋の建築様式史観に沿うように、日本に移入されて以降、「間」とは正面の柱間の数であり、「面」はこれにとりつけられた庇の側面の数であることを証明した。ウィトルウィウスの『建築十書』では、柱の太さがモデュロスで、柱間の間隔がシュンメトリアとなるから、「間」はシュンメトリアであり、「桁行」と呼ばれる正面の柱間の数を示す。そして、奥行の柱間は通常二間で変わらないから省略され、変わりに、母屋に庇がどれだけ付いているかを表記したのが「面」であった。中国では普通、庇はなく、庇という存在は正統なものではなく著しく「和様化」された用法といえる。「間面記法」という表記法は、柱間と庇を含めた建築がかかえこむ「空洞」としての空間を記述するものである。浜口隆一が伝統的な日本建築の特性を「空間的」と指摘したのはこのことが理由であったと考えられる。

足立康の「間面記法」を、建築史の方法上の革命とまで評価したのが、東京大学の建築史家・太田博太郎である。一方、太田は、堀口捨己の著作『草庭』の解説では、建築史論と無縁に思える茶会記の細部の追跡のなかから、堀口捨己が消え失せた茶室でさえ、想像的に復元させていく思考方式を、茶人たちの行動（作法）を介して、その場に設営された道具の配置や造作の姿をつうじて読みとって再現したものとして評している。これは「行為」として建築空間を認知していくことを日本的な建築的特性として見なすことを意味するだろう。

空間的・行為的な建築として日本伝統建築をとらえる浜口隆一の論文は、一九四四年に発表されている。ちょうど、梁思成の『中国建築史』の草稿が完成した年であった。こうした浜口の理論は、丹下健三が伊勢神宮と京都御所を参照しながら設計をし、評価を得た「大東亜建設記念営造計画」と「在盤谷日本文化会館計画」を「日本国民建築様式」に認定することを正当化するものであった。

一九五〇年代

梁思成と丹下健三は、それぞれ、西欧に発祥した現代主義建築を学び、その後の戦争の期間を経て、方法的に体得した「中華的なもの」と「日本的なもの」を用いて、一九五〇年に新中国と戦後復興をする日本のナショナル・アイコンをデザインする。「人民英雄記念碑」は石牌をモデルにして、塔になった。「広島慰霊碑」は家型埴輪をモデルにして、被覆状になった。前者はオベリスク風のシルエットを持ちながら、ストウパ由来の中国的細部を残して、毛沢東の宋朝体で揮毫した文字が浮き立つ。後者は、馬の鞍にみえる曲線状の形状が強調されているが、この慰霊碑に彫られた文句ははずかしい程につたない。両者は記念碑と慰霊碑の違いがあるものの、同じく死者たちを祀る施設として、二転三転する世界情勢のなかで半世紀以上経た現在もなお国家的象徴としてあり続けている。

建築家＝都市計画家として大きな仕事をした二人の建築家にとっては小さいといえることの仕事は、デザインされる過程で政治的にもみくちゃにされたことも同じである。出来上がったのは、ほとんど失敗作である。全作品集のなかでは片隅におかれるに過ぎない。とはいえ、二〇世紀をつうじて「中華的なもの」「日本的なもの」という問題構制において欠かすわけにはいかない事例である。

北京の天安門で新中国建国宣言がなされ、「首都」として再建されるための基本計画の策定がはじまったとき、その策定作業はまずソ連から送りこまれた専門家が主導した。一九三〇年代、スターリンが首都モスクワを七つの大型の尖塔で構成し、中心に巨大なレーニン像をいただくソヴィエト・パレスを建設しようとした計画案は、当然参照されていたはずだ。北京においては、天安門城楼に立った毛沢東が「ここから見渡せる市城壁のかわりに黒煙をあげる林立する煙突の姿を見たい」とつぶやき、その意向を周恩来が建築家と都市計画家に指示したとされる。城壁を壊して工業化する方策はソ連専門家の近代化方針にも合致していた。他方、広島では、「核の平和利用」という大義名分へと核兵器の破壊力が読み替えられるなかで「平和都市宣言」がおこなわれ、戦争を平和へと読み替える模範都市になった。この「宣言」だけが、原爆によって消滅した広島という「都市」の慰霊碑がナショナル・アイコンとして認定される根拠である。

終結してなかった国民党との内戦の最中に、すでに核開発に成功したソ連邦の支持の下での「人民英雄記念碑」と、核爆発によって消滅したひとつの都市が、占領統治下でありながら「平和都市広島」と読み替えをおこなう原爆被災者のための「慰霊碑」。これらの事情が、それぞれの担当建築家を翻弄する。かりに建築家にとって失敗作であっても、ひとつの形象として実現したのは、民族的文化遺産と認定される模範を下敷きにし、それを近代的にデザインする方法を身につけていたからだと私には思える。

梁思成は「建築芸術における社会主義リアリズムと民族遺産の学習と運用の問題」を一九五三年一〇月に発表している。この年の夏にソ連を訪問して帰国した直後のことである。春にはスターリンが没していたが、ここで語られているのはモスクワ建設の過程で生まれた「社会主義現実主義と民族遺産」の弁証法的統合である。

日本では同様のテーマが「伝統と創造」と呼ばれていた。丹下健三はこの時期、一連の広島平和公園の諸施設の設計に従事していた。被爆一〇周年で一応完成すると、翌年には論文「現代建築の創造と日本建築の伝統」（一九五六年六月）を発表した。これは直後には批評家らに批判され、丹下も「民衆と建築」「日本の建築家」の二論文で応戦した。のちにここでの論争は「伝統論」「民衆論」「職能論」に整理されることになる。この構図は毛沢東の著作、「矛盾論」「実践論」「遊撃戦論」とパラレルである。毛沢東がマルクスを中国革命の戦略にひき当てたのと同様に、丹下健三は、「日本主義」を経由したウィーン美学史学をスターリン時代の社会主義現実主義と対置して、日本における近代建築の展開のための指針をつくった。しかし、梁思成はその後、フルシチョフがスターリンを批判したのと同じロジックにより、政治的な批判にさらされる。民族主義的なデザインが「大屋根派」と同一視されたからだ。

中国では一九五九年に「北京一〇大建築」がつくられ、日本では、丹下健三による「代々木競技場」（一九六四）がつくられる。一九五〇年の時点で国家象徴として焦点にされていた記念碑のデザインは、一〇年後には両国ともに大型の都市的建築物として姿をあらわした。

第二次世界大戦の終結前後、現代主義建築は全球的に拡散し、それぞれの土地で、民族的・伝統的といわれる土着の建築と混淆し、その過程で諍いを生じさせる。各地で、それぞれの古典的起源への遡行が図られたが、すでに近代化は進行していた。それゆえ、古典（古代）への回帰とはいえ、技術を基盤にした現代主義を用いながら、「中華的なもの」や「日本的なもの」を問題構成する建築的方法となる。梁思成は宋学としての『営造法式』を学んで、建築の形式性と架構性に注目し、丹下健三は建築の内部（比例）と外部（都市）を貫流する空間性に注目した。

近代国家が成立して以降、（藝術）＝建築＝都市＝国家＝（民衆）という図式は「自明の理」となっており、それゆえ梁思成と丹下健三はともにテクノクラート・アーキテクトとして、国家的建築のデザインや制度に関わり、それがために先述のように一九五〇年代には政治的な論争にまきこまれた。いずれものっぴきならない国際的政治情況下にあったことは注目しておきたい。中国共産党はフルシチョフ路線と対立し、ソ連と政治的・文化的に絶縁をする独自路線をとる。そして大躍進・文化大革命の「失われた一五年」へと走った。日本は「サンフランシスコ講和条約」（一九五四）により、一応独立した統治主権を回復したが、米国との軍事同盟を担保する安全保障条約が密約され、その批准の成立を阻もうとする抗議運動が国内にうまれるが、この請願デモが鎮圧されて米国の「核の傘」に入ると、「奇蹟的」といわれる一九六〇年代の高度経済成長がはじまる。冷戦時代の二極をなす大国との関係の変動が、日中両国における梁思成・丹下健三のその後に影を落とした。梁思成は批判・反批判・自己批判をかさね、文化大革命の収束をまたずに一九七二年に没する。丹下健三は、東京五輪と大阪万博という国家行事の主役となり、技術官僚的建築家としての任務をまっとうした。

梁思成も丹下健三もインターナショナル・スタイルを学んではいたが、自国の伝統的遺産も学んで独自に解釈した。両者はナショナル・アイコンとなり得る建築をつくったから、政治的イデオロギーが不可避的に問題となった。しかし、人民英雄記念碑と広島の慰霊碑は、石牌と埴輪がそれぞれ模範にされることで、錯綜していた数々の圧力の下にひとつのかたちを保持できた。これは、私には、両者ともに、（藝術）＝建築＝都市＝国家＝（民衆）を貫通する理念としてのテクノクラシーのアーキテクチュアを信じていたためだと思える。この等符号が、職業的にも思考形式においてもまったく切り離されてしまった今日からふりかえれば、新中国革命、原爆による都市の消滅といった歴史的な「切断」の瞬間に邂逅したための「蛮勇」によってのみ、その信念はささえられていたとしか思えない。梁思成はその後文革の批判にさらされ没した。丹下健三は日本を離れて中近東の国家の王族のための建築家となる。社会はかつてのビュロクラート・アーキテクトをもはや必要としなくなっていった。

＊CAFA（中央美術学院（北京）、二〇一五年一〇月）、国際建築評論家委員会（二〇一五年一二月）への報告、『近代国家のエンブレム』（Nation State Emblem）、『「人民英雄記念碑」と「原爆死没者慰霊碑」の成立』の参考資料として、「一九五〇年の梁思成と丹下健三」（『磯崎新建築論集』第六巻）が中文に要約、翻訳された（市川紘司＋辛夢瑶、王西訳）。本章はそのテクストである。報告では続いて、「天安門広場」と「皇居前広場」が国家的象徴へと編成される過程が比較される。モノとしての建築的社会物より、コトとしての祝祭的儀式が注目される。

4 瓦礫と隊列

二〇一六年一月

ボーダーラインの外に異変が起こっている

五・一二汶川大地震博物館（成都市安仁鎮、建川博物館集落内にある二〇〇八年の四川大地震の瓦礫などを展示した博物館）に大量の打ち割られた茶碗の破片が展示されている。これは同集落を建設した樊建川《ハン・ケンセン》が震災発生と同時にボランティアでかけつけた際に収集したもので、中国軍の兵士が叩き割ったと説明されている。横一列に並んだ兵士が一斉に白酒を飲みほしているスナップが挙げられているので情況は理解できる。発生数日後、瓦礫の下に埋まった遺体はバラバラになっており、腐敗がはじまり目を背けたくなる状態だったため、普通の兵士は尻込みしたらしい。そこで大量の白酒を感覚が朦朧とするまで飲んだうえで、酒杯を一気に床にたたきつけ、作業にかかった。樊建川自身も中露が黒龍江省ダマンスキー島の領有権をめぐって小競合いをやったときの兵士のひとりだったので、思いついたのだと聞いた。その現場は日本の姉歯事件と同じような手抜きシステムのために崩壊が起こり、数多くの犠牲者がでたところである。

博物館の横に、圧死した一五歳の作家志望だった少女が残したすべての持ち物を展示した犬小屋ほどの社《やしろ》がつくられている。この劉家琨《リュウ・ジャクン》の設計による極小の建物（胡慧珊記念館）が、私には震災後アートを記念する最も感動的な記念物に思える。沈黙して祈る他ない。すると、瓦礫を前にし、横一列に並んだ兵士たちが、声を上げて一斉に杯を叩き割る行為は「神事」だったのだと思えてくる。平城京の祭祀址から発掘される土器は神人共食の儀式がなされた後に叩き割って地中に埋められた杯である。そんな儀式が倭国へも伝えられていたのだろうか。徹底的に近代化されたはずの中国軍兵士は救援マニュアルにもないと思える「神事」を危機的な瞬間に復活させたといえる。死者の声を聞こうとする点で違いはない。

その博物館集落からフリーウェイで北上して成都の西郊に近づくと、巨大な構造物が立ち現れる。郊外開発で立ち並ぶタワー群とはスケールが異なる。高さ一〇〇メートル、長辺五〇〇メートル、幅四〇〇メートル、延床面積一七〇万平方メートル、目下総床面積では世界最大で、初期の「ザハ案」は高さ七〇メートル、長辺四五〇メートル、幅二五〇メートル、延床面積二五万平方メートルであったわけだから、そのシルエットはこの建物の内側にすっぽり収まり、余りがある。この「新世紀環球中心」（二〇一三）には観光、リゾートのありとあらゆる種類の機能が住居とともに複合されていて、ひとつの「都市」が持っている多様な要素が全て包含されている。周辺をひとめぐりしても切れ目がない。つまり単体建造物である。これは「都市」なのか、それとも単体の「建築」なのか。大震災発生時には企画段階だった地区の構想のプログラムが見直され、リーマンショックの余波を打開するため中西部に中国政府が開発投資方針を切り換えたことも追い風にして、蜀の「心意気」を示せとばかりに超巨大構築物をたった一年の建設期間でつくりあげてしまった。超巨大と超極小、いずれも「建築」物件ではあっても「都市」と四阿《あずまや》程のサイズの違いがある。近代化の過程で整備された制度で建設がなされてきた中国において例外状態が生みだした別種のビルディングタイプ（？）である。両者とも成都の中心からはるかに離れた郊外にある。

いま果てしなく続く難民の列が、畑の小路や線路上を歩いている。シリアでは隣接国トルコやレバノンに巨大な難民キャンプがつくられ、難民たちはこの地で僅かな期間を過ごして、つまり定住することなく、移動を余儀なくされる。その光景は私も同乗して篠山紀信が空撮した東京上空からの光景とそっくりで、マッチ箱と呼ばれていた極小の住居が見渡す限り地上を埋め、延々と広がり、その微粒子の集合状態は富士山麓まで続いていた。（『未来世紀東京』篠山紀信、一九九二）。レバノンで国連が支援する難民キャンプの空撮と同じく見渡す限りの地平が埋められる。おそらく仮設の簡易バラックやテントが、砂漠のような平坦地に密集して並んでいる。これもとめどなく広がりつづけている。都市空間が爆発的に広がっている点では、東京郊外とレバノンの難民キャンプは同じ都市的現象のように見えるが、定住と仮住の違いがある。流民（ノマド）といえば聞こえがいいが難民として一時的に仮眠の宿が与えられるに過ぎない。支援物資が充分に用意されているとは思えない。

いっぽう世界の大都市の郊外に発生している巨大スーパーマーケットの内部空間には、大量の物品《コモディティ》が整理されて棚に並べられている。できる限りの多品種が自由に選択できるように整理されている。古来、市場（マーケット）は物品を分配するシステムがつくりあげられたことにより都市のひとつのビルディングタイプになった。量販店《スーパーマーケット》と呼ばれるこの型は桁違いに大きい。平面的にひろがることが建築的空間の特徴となっている。エンドレスに拡張させることが求められている。物《モノ》（物品）と人《ヒト》（購買者）をランダムに出逢わせる（選択させる）場である。その光景もまた空間的にひたすら拡張されている点は難民キャンプと変わりない。購買された物品は住民が手元に持ち帰る。配達もされる。いまその量販店の型に大きい変化が起きつつある。ネット上で検索されるカタログで注文すれば即配達されるシステムが広がりはじめた。棚に並べられた物品を直接手に取って家庭に運ぶ段取りが省かれる。売り場（フロント）が不要になり倉庫（ロジスティックス）さえあればいい。倉庫から直送される。たとえば棚に物品が分類整理されている「アマゾン」の倉庫の光景は、大型図書館の開架書庫と似ている。特徴は人影がないこと。いずれ、ドローン配達になると思われる。

新世紀環球中心、レバノンの難民キャンプ、アマゾンの倉庫、いずれも既視感のある光景ではあっても、二〇一〇年代に突然発生した巨大空間である。郊外、国外のような周縁部に起っている。近代国家が成立して以降、地球上はくまなく「都市化」したとはいえ、構造的には求心性が常に保持されてきた。その近代都市の空間的特性と異なる種類の〈都市空間〉が出現した。その空間では人《ヒト》も物《モノ》も流動することだけが宿命づけられる。さし当り、これらの都市空間はロジスティックス（後方補給、物資輸送、兵站）が立地した場所である。フロントもしくは中心があっての言葉、施設であり、補助的にもみられていた施設が姿をかえて、都市化してしまった地球上に虫喰いのように大量に発生しはじめたのである。拡張し続けたメトロポリスが変質を開始したといわざるを得ない。変貌の兆候は昔からあったとはいえ、目立ってきたのはごく最近のこと。後戻りしそうにない。中心から遠く離れたボーダーラインの近傍に異変が起こっている。人《ヒト》も物《モノ》も流動状態になっている。

すなわち、津波、戦争（内戦）、新技術開発が、大きい秩序をもって統治されていたはずの「都市」を瓦礫の山にしてしまった。映像としてメディアに流れている光景は、求心化しないランダムにみえる小さい秩序である。瓦礫を片づけるボランティアの隊列、国境を越えようとする難民の隊列、謁見されるセキュリティガード、陳列棚に整列されているスーパーマーケットの商品、コード番号の振られた通信販売物。津波の跡の瓦礫や内戦により破壊され散乱した物物《モノモノ》を片づける人人《ヒトビト》もセキュリティ番号をふられ、衛星電波で追跡されている。津波の跡の瓦礫の片付けをやっているのは、隊列を組んだ兵士たちである。難民たちを支援しているのも、兵士たちである。高放射能を発するメルトダウンしたデブリ〈瓦礫〉をひろいあげるロボットを操作しているのも兵士たちである。頭数で数えられるうごく影である。境界線を無視して流れている。その事態は二世紀あまりをかけて展開した都市類型としての〈大都市《メトロポリス》〉の構造を変質させはじめた。

都市の類型

一〇年程昔に戻る。その頃、私はグローバリゼーションの大津波に巻き込まれていて、世界各地の都市開発コンペなどに呼びだされ、もみくちゃになり、「レム・コールハースのように国際的な流動資本の流れのうえでサーフィンするのは無理だよ、せいぜい立ち泳ぎでうねりをかわすのが精いっぱいだね」（『磯崎新的訪談@日中韓』）などとぼやいていたが、理由もつけられないまま、このツナミが過ぎたら既に大都市化してしまった地表のいたるところに様々な沈殿物が溜り、それらはいずれ凝固するに違いない。世界各地に多数の都市が出現したように、今度は相互に共通しない異なる社会システムを持った集団がうまれるに違いあるまい。その単位を〈しま〉と名付けておこう（「都市の類型」『磯崎新建築論集第二巻』所収）と思っていた。妄想のたぐいといわれるかもしれないけど、いいたかったのは「都市」は歴史的に二つの型しか成立しなかったということだ。まずは農村と対立的に形成された〈都市《シティ》〉。東西ともに、堅固な城壁で防御的に固められた。いずれ一八世紀頃から近代国家への求心的統合がはじまり、民族国家へと統合されていく。都市間交通網に大量輸送システムが導入されるにつれて膨張的な拡張が発生、全地表面が領土分割される。すなわち都市化の進行により〈大都市《メトロポリス》〉化が完了する。主権国家が全地表を分割所有してしまった。境界線はときに人為的に決められているとはいえ、都城壁と、今日の国境線の区切り方の違いは大きい。城壁を壊すことによる〈都市《シティ》〉から〈大都市《メトロポリス》〉への移行は、ドラスティックに起こった。決して連続的な移行ではない。勿論かつての都市構成要素の部分を残存させながら、内的関係性は組み換えられている。そして過飽和状態になったあげくに都市類型にシフトが発生する。中心がかすんで斑状に〈しま〉が発生する。かつては明らかにひとつの求心的な秩序《オーダー》を持っていたのに、いまでは拡散と求心の両方向ベクトルがせめぎ合うような乱流が急速回転をはじめたようにみえる。ハイパー状態になったと思われる。

そこであらためてアーキテクチュアが問われることになる。一〇年にわたるANY会議の浅田彰と私の共同発表を整理して日文でまとめた合本を『ビルディングからアーキテクチュアへ』と題することにした。漢字文化圏ではアーキテクチュアは「建築」と訳され、慣用され、社会制度も組みこまれた。その用法は伊東忠太が解釈したように「芸術性《アート》を帯びた建造物《ビルディング》」にしぼられている。日本や韓国では「建築」だが、最近中国では建造物一般と区別するためにカルチュラル・スタディーズにからめて「文化建築」と呼んでいる（「文化建筑在中国（文化的実践──一九八〇年以来の中国文化建築）」中央美術学院（CAFA）主催シンポジウム）。芸術の定義も曖昧になった今日、苦肉の策として、文化現象の前面に国際的に流動する金融資本のような経済現象や都市開発のような政治現象が立ちあがり、そのフィルターを介してしか「建築」が語れなくなった（このあたりの事態は「文化論的転回《カルチュラル・ターン》」〈邦訳『カルチュラル・ターン』、二〇〇六〉をいうフレデリック・ジェームソンとの応答（「〈やつし〉と〈もどき〉」『磯崎新建築論集』第六巻所収）に整理してある）。英語文化圏でのアーキテクチュアの慣用法は地中海文明に遡行するアルケー＝テクネー＝アルスが原義にひそむので、社会的制度、文化的空間などの構築性により深くかかわっており、近頃では社会制度を組み立て、都市的空間を編成し、コンピューター機構を開発し、SNSを組み立てて、さらに軍事的諜報戦略をたてる役柄までがアーキテクトと呼ばれはじめた（東京大学

T_ADS「これからの建築理論」槇文彦×磯崎新×原広司)。僅か一〇〇年程の間に「建築」と「アーキテクチュア」の慣用法に大きいズレが生じている。

アンドレア・パラディオと戦闘の〈アーキテクチュア〉

四川大震災、リーマンショックが発生した二〇〇八年はアンドレア・パラディオの誕生五〇〇年で、この年にはヴィツェンツァのパッラディオセンターで大規模な展覧会が開かれた。彼の没後イニゴ・ジョーンズ(一五七三—一六五二)がオリジナルの図面など一切合切買い取り、以後この地には実物が残るだけで、今回はスケッチや直筆図面などの里帰り展だったとはいえ、この地に残っていたエル・グレコにアトリビュートされているパッラディオの肖像図や、ロンドン・ナショナルギャラリー所蔵の『バベルの塔?』(レアンドロ・バッサーノ、一五五七—一六二二)のなかの光景に石工として作業中の若きアンドレアが描かれているなど最近の研究もある。また、注目すべきは『建築四書』(一五七〇)を出版した後、晩年の一〇年間の、謎めいた三つの仕事がオリジナルドローイングとともに展示されていたことだった。①イラストつきのローマ戦史の出版、②ヴェネチアを襲った「ペスト」の救済に尽力した聖人・レダントーレを記念する聖堂の建設、③ヴィツェンツァの商人組合のための劇場、テアトロ・オリンピコの設計にすべての時間がついやされたのでさらに続く予定だった『建築四書』の続編は未完のままとなった。一〇年後の一五八〇年に没したときは多くの建物は工事中。完成状態をみていない。まず「ローマ歩兵軍団について」と題した自らの序文つきでジュリアス・シーザーの『コメンタリーズ』を四〇頁のイラスト付きで出版（一五七五）。次いでポリビウスの『歴史』をほぼ等量のイラストと序文をつけて出版（一五七九）。教会堂、劇場などの建築物についてはこれまで他のエッセイでとりあげた（「ディオニュソス――「テアトロ・オリンピコと楕円堂」」『磯崎新建築論集』第五巻所収）。だが今日の建築家の常識では趣味的な暇つぶしのようにみえる戦闘図制作に集中したのは何故か。『建築四書』では〈アーキテクチュア〉の全貌を描ききれていなかったことを自覚してあらためて補完作業にとりかかった。これに人生の残り時間を全部ついやしてしまった。あげくに大英図書館の奥にお蔵入りの状態になっていた。

『コメンタリーズ』では円陣または方陣と移動する戦闘騎馬や軍団が組み合わされながら対峙状態が図示されている。ついで『歴史』においては侵入するカルタゴ軍との戦闘において海戦、野戦、布陣、展開、さらにはローマ軍側の騎馬車輌とハンニバル軍の象軍団が全面衝突する平地戦、渡河作戦、山越えの移動作戦など、とりわけ両軍が入り乱れるクラッシュ状態の全貌が丹念に描かれる（Andrea Palladio and the Architecture of Battle : With

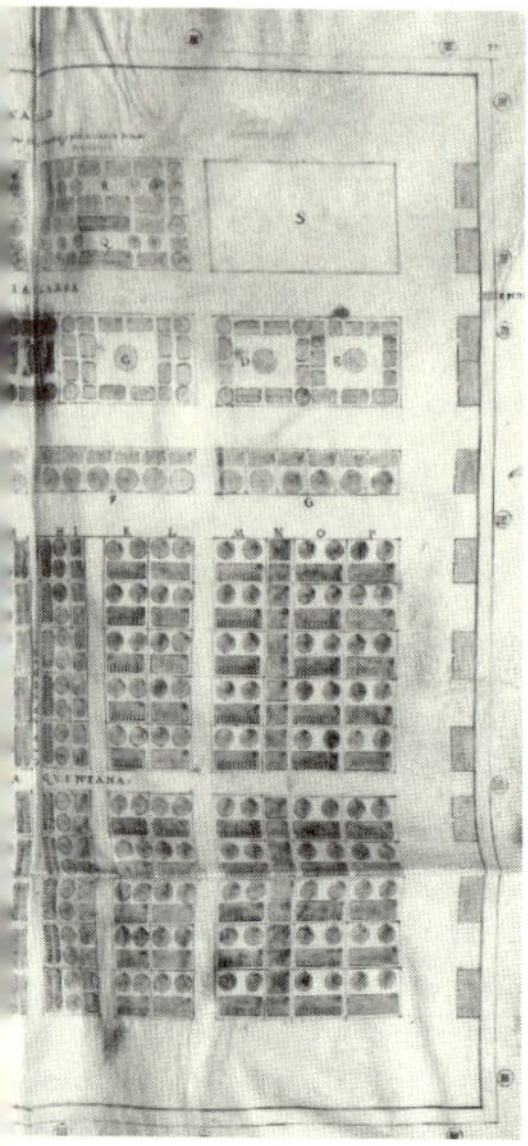

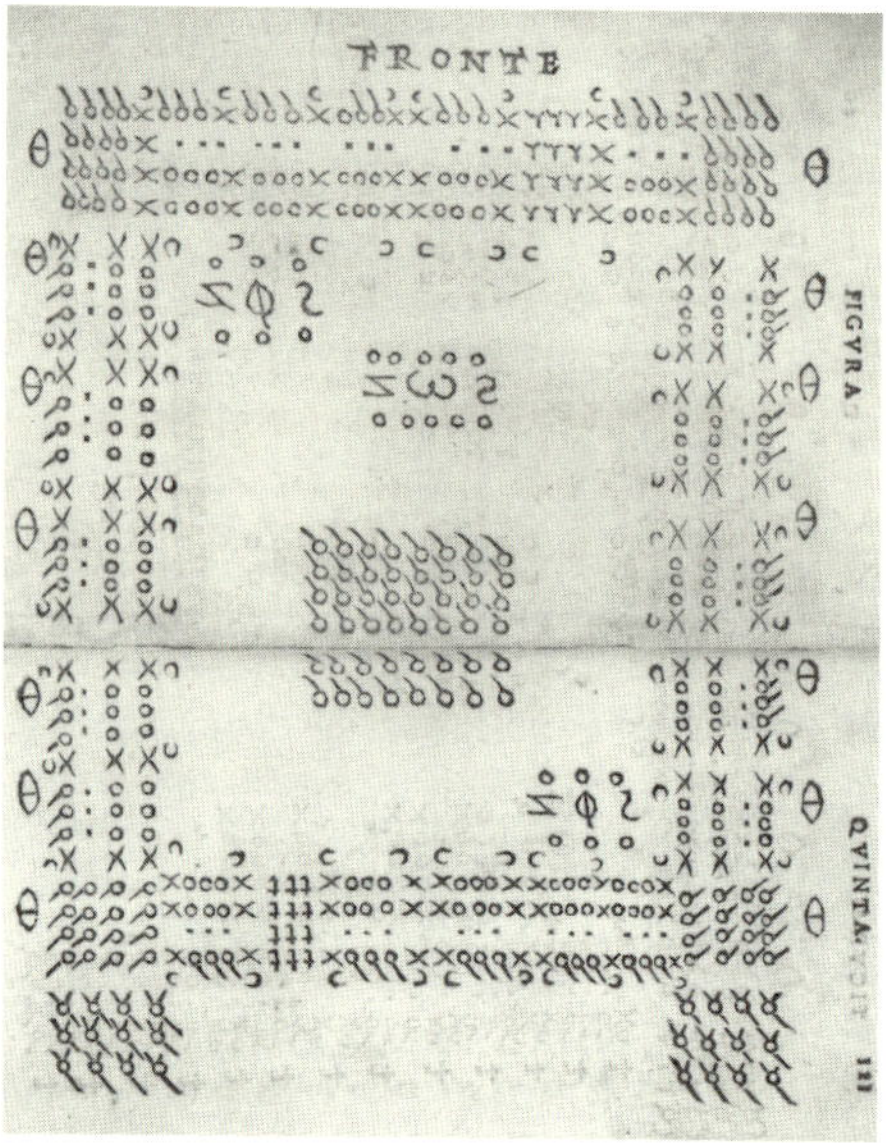

ローマ軍陣形図(マキャベリ)

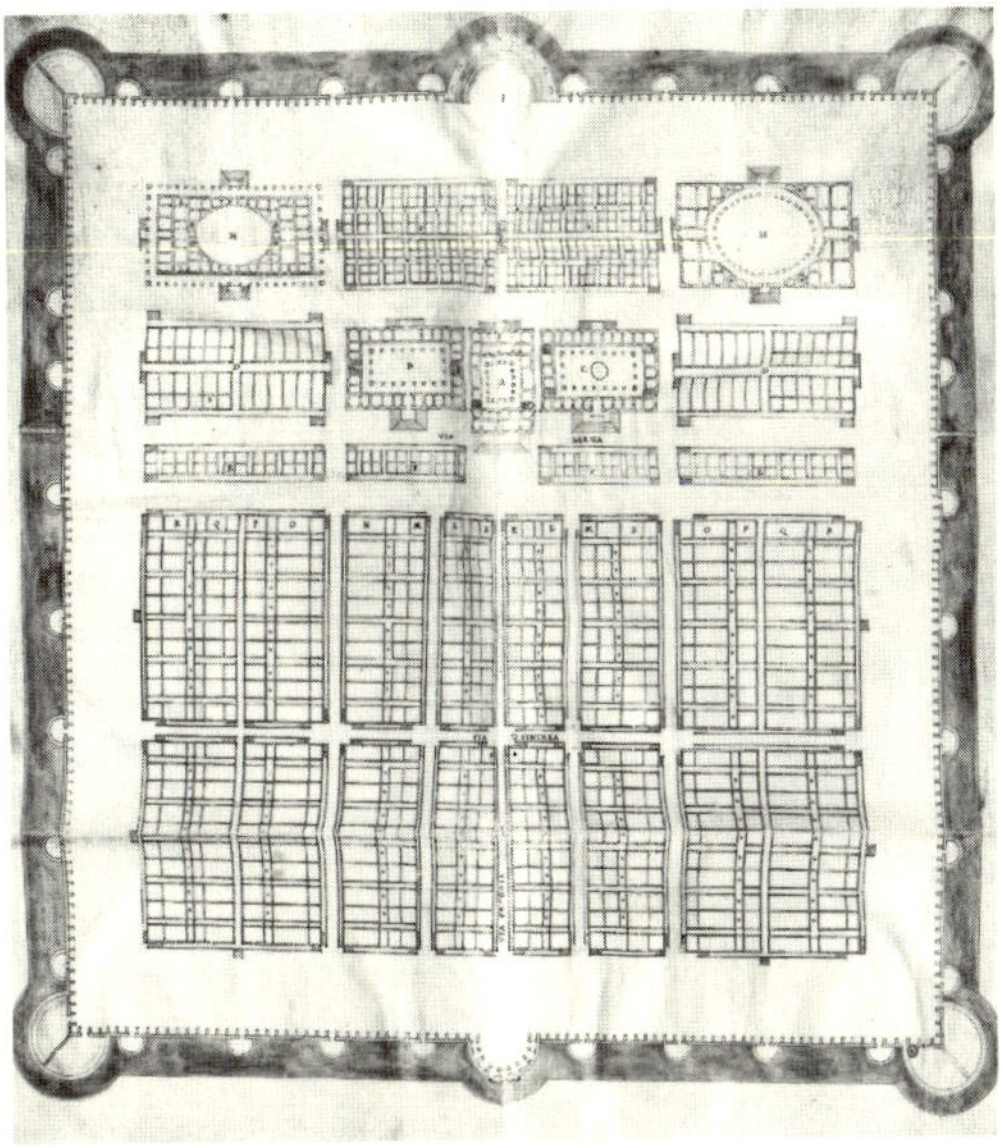

（恒久）要塞図（セルリオ）

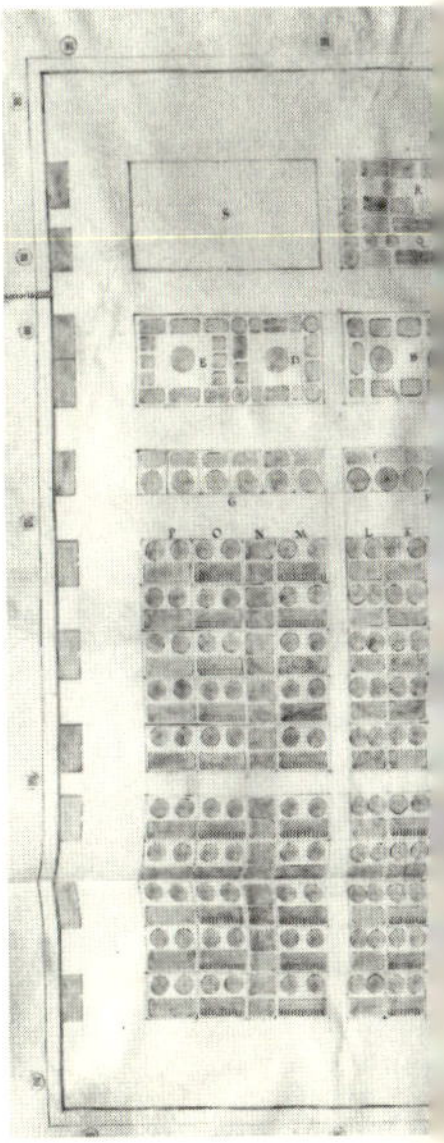

（仮設）野営図（セルリオ

the Unpublished Edition of Polybius' Histories Edited by Guido Beltramini)。

アルブレヒト・デューラー（一四七一―一五二八）やジュリオ・ロマーノ（一四九九―一五四六）の描く戦争画では、必ずしも戦争全体の実情が浮かばない。パラディオは古来あった戦陣図のように歩兵、騎馬軍団、車輌、ガレー船などを、ピクトグラム風に記号化しているため、それぞれの集団の「布置」が一目でわかる。軍学者の戦略図は平面的なダイアグラムであり、画家たちは接写しかしない。いっぽう俯瞰的ピクトグラムは戦略配置された全戦場の空間を浮かび上がらせる。『建築四書』のイラストが建築・土木・都市の平・立・断面の設計図が主であるのに較べると、画家の戦争画では、両軍が対峙して「力」と「力」の衝突する戦場にひそむダイナミズムこそが表現されている。つまり、戦争にこそ「術《アルス》」としての〈アーキテクチュア〉が露出していると考えていたのではないか。一五世紀のアルベルティは古代ローマのウィトルウィウス『建築十書』を翻案する過程で、元来単純な建設技術書であった原本から、彼の『絵画論』で〈美術《アート》〉が抽出されたように、〈建築《アーキテクチュア》〉という上位概念を生み出した。アルベルティが「術《アルス》」を人文主義的に思考したためである。とはいえ当時の職人的な建築家にとってはむしろ「術《アルス》」それ自体にこそ関心があったらしく、レオナルド・ダ・ヴィンチが座右に置いて熟読し、書き込みまでのこしたフランチェスコ・ディ・ジョルジョ・マルティーニの『建築術、技術、兵

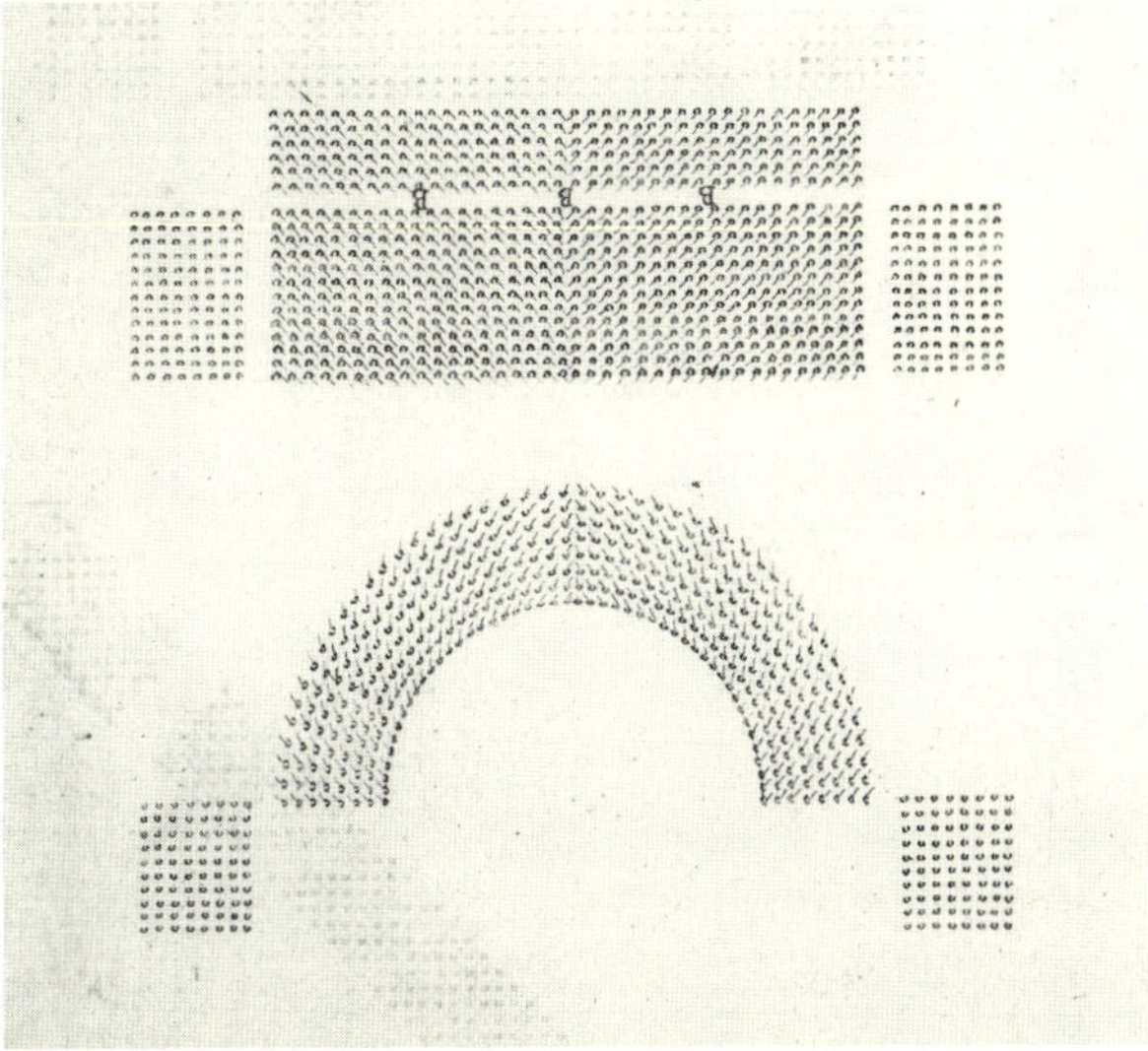

パラディオ　ローマ軍の戦闘陣形図（『コメンタリーズ』）

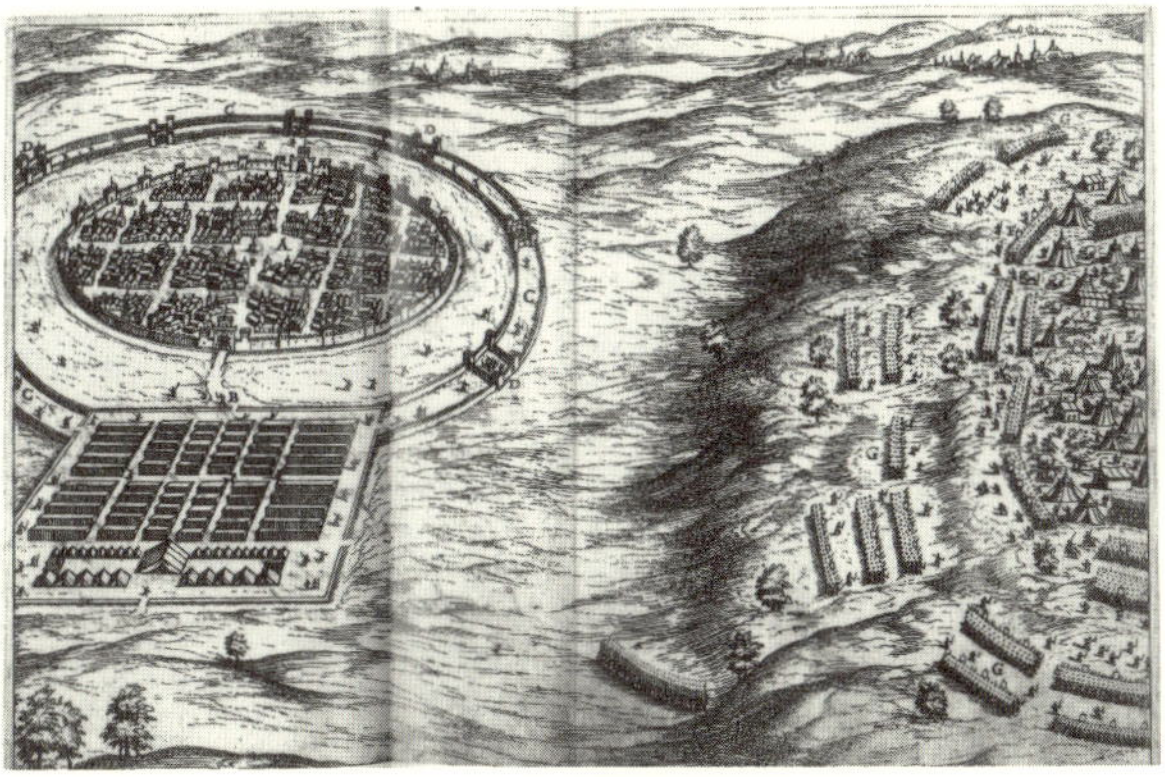

パラディオ　アディスの戦い（『歴史』）

図版はすべて Andrea Palladio and the Architecture of Battle: With the Unpublished Edition of Polybius' Histories Edited by Guido Beltramini より

術の書』（一四八二）の方が実務的な建築家の求めた内容に近かったであろう。数多く書かれることになる後の「建築書」はますます実用書のおもむきを呈していく。とはいえ、この時期に重視すべきは思考的回転のなされたことである。

すなわちダンテの『神曲』がローマの詩人ヴィルギリウスを、ついでアルベルティは建造技術者ウィトルウィウスを、さらにマキャヴェリが歴史家ポリヴィウスを召喚したこと、つまり偉大なるローマを再読することにより「古代的なもの」を回復するなかから〈アーキテクチュア〉が単なる術ではなく、さらに上位の思考概念として生み出されたのである（『磯崎新の建築・美術をめぐる10の事件簿』）。

『建築四書』ではアルベルティが「古代的なもの」を翻案する過程で上位概念にひきだした〈アーキテクチュア〉の全貌はみえてない。マキャヴェッリが『戦術論』（一五一九―一五二〇）において共和国市民軍団を提案するにあたり古代ローマの野戦陣形をモデルにしたように、すでにセバスチアーノ・セルリオ（一四七五―一五五四）はローマ軍団の野戦陣営が、当初の「仮設的」な布置が、その陣形のまま「恒久的」な建築物になり、城砦へと変化成長していく過程を描いている。キャンプがひとつの「都市」の原型であることが示されていたわけで、各地の難民キャンプが定住する恒久都市へと変成されるかもしれないことを示すモデルともなる。セルリオの図面は平・立面図に限られるので、スタティックである。ポリヴィウスの戦闘記述はカルタゴ軍がローマ軍団と対峙し衝突する、激しくダイナミックな戦闘であり、ときに先輩建築家としてボローニャの大聖堂コンペで競ったこともあるロマーノは画家でもあったので、彼の描く巨像軍と騎馬軍との激突シーンなどは戦争画の傑作であり、戦場でエネルギーが渦巻く状態を表現している。だが平立面図でも激闘図でもない、つまり戦闘のリアルを表現する技法が探されていた。それが、パラディオがポリヴィウスの『歴史』のイラストをピクトグラム風に軍団の布置を記号化したうえで具体的な戦場の地形までを書き込み、両軍の戦術までがうかがえる鳥瞰図に仕立てた理由と思われる。戦闘図ではあるが、激突《クラッシュ》する情況のなかから戦闘の〈アーキテクチュア〉が浮かびあがる。

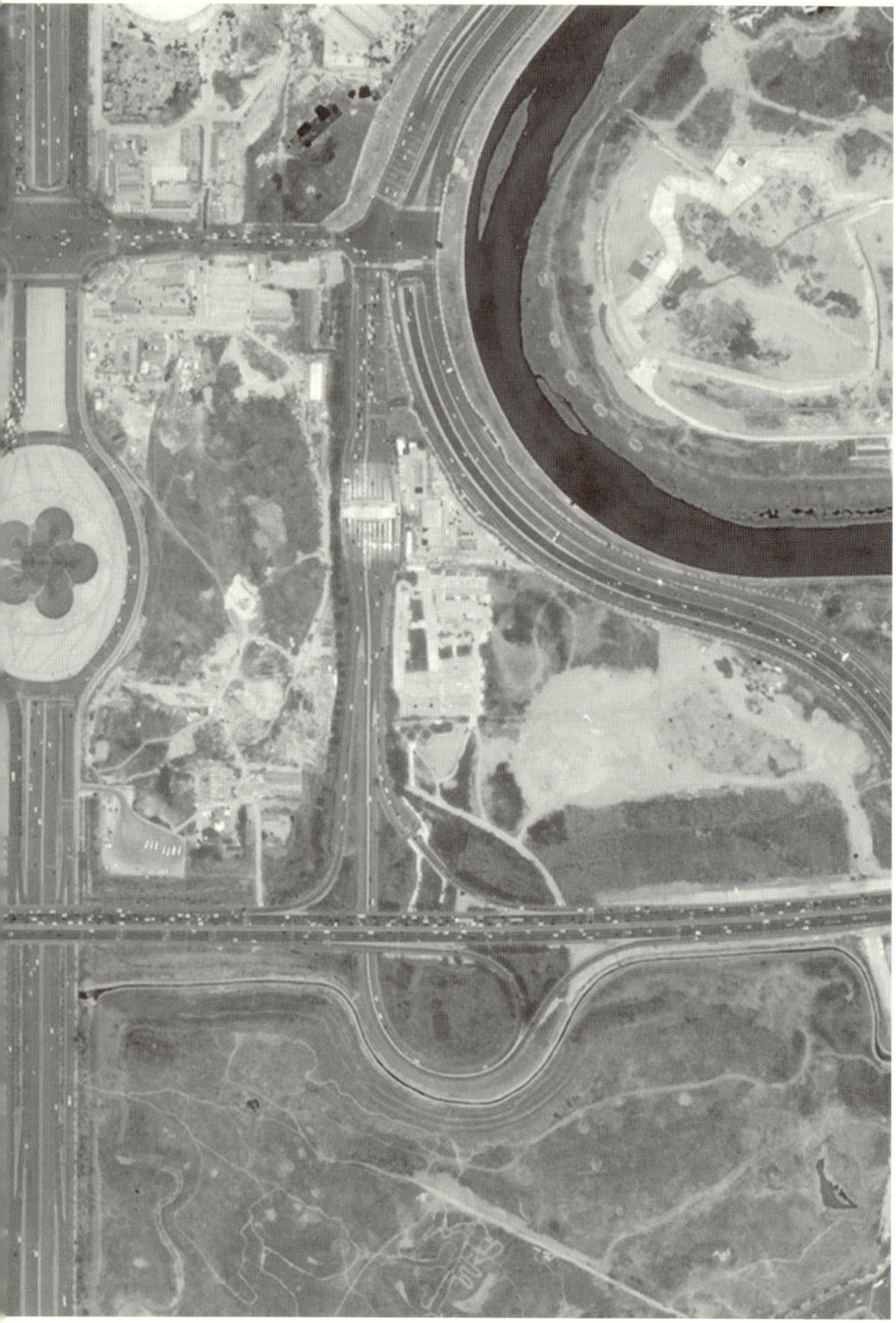

成都の巨大建築物（新世紀環球中心）とザハ・ハディド案

II

偶有性操縦法
<small>コンティンジェンシーマニュアル</small>

1

「ハイパー談合システム」

二〇一五年八月

亀は泳ぎ去った

二〇一五年七月一七日朝、宰相A_2はみずからが担当大臣（当時）S_2とともに所属していた派閥のボスで年齢制限のため議員バッジははずしたがオリンピック・パラリンピックを仕切るJOC会長を務める元宰相M_1を官邸に招き、長時間の会談のあげく、既に実施設計の完了した新国立競技場案を「ゼロ・ベース」に戻す、と発表した。内閣はこのときまでに九九パーセントの憲法学者が違憲と解釈する「安保法制」を衆議院で強行採決するなど傲慢な振舞いが重なり内閣支持率と不支持率が逆転していた。この逆境をもう一度逆転させる目論みと思われるが、膨大な予算超過と環境への配慮を欠いているため、非難の標的になっていた実施設計案を「ゼロ・ベース」にするというウルトラCを発動しても、不支持率は減らない。ザハ案と呼ばれている超豪華案を全員一致で了承した元宰相M_1、都知事M_2、担当大臣（当時）S_2、諸々のオリンピック事業利権関係者などは面目丸潰れであった。この有識者会議の議長をやるはずであったコンペ審査委員長A_1は欠席。アリバイづくりだったかと疑われ、のちに記者会見に呼び出されるが、ひたすら責任逃れの弁解一筋。盟友の元都知事S_1もA_1を弁護するところをみると、裸の王様宰相A_2をのぞくS_1・M_1・A_1は全員口裏合わせしてあったらしいことが判明する。

事態が怪しくなり始めた頃に担当大臣（当時）S_2は配下の局長を早期退官させた。責任の所在が担当レベルに留まり、もうこれ以上は遡及させまいとする官僚組織の「トカゲの尻尾切り」と呼ばれる悪知恵である。国内事情だけに限ればS_S・M_S・A_Sのそろい踏みで一幕終了、となったかにみえるが、宰相A_2の「ゼロ・ベース」発言が世界に流れた瞬間に、海外メディアは「日本が水没したら泳いで逃げる亀の姿」と評されていたザハ案が遂に日本列島から逃げたのだとこの評を引用して囃し立てる。一方国内の識者たちは、外国案に媚びたのがいけない、「オール日本」で白紙からやり直せ、我が日本の実力を示せ！と息巻き、パトリを煽る。株価下落情報で衝動買いして大損する非機関投資家たちの思考停止状態と、ザハ問題第一幕の主役たちS_S・M_S・A_Sの判断力レベルは等しかったといわねばなるまいが、こんな些末な噂話より、全世界の建築界のトップレベルが参画する国際コンペを打ち上げ、出席はしなかったとしても閣下《ロード》級の建築家を大英帝国から二名もむかえたことにして審査委員長A_1の采配のもと、超弩級の暴走族型ヘルメット風のザハ案を選んだことにより、世界の建築、スポーツ界の注目を浴び、さらに大英帝国のＰＲ戦略を真似してこの案を真正面に据えたプレゼンテーションで宰相A_2に実現可能か否かをいぶかるＩＯＣ委員たちを前に英語で大演説させ、フクシマ第一の放射能汚染の制御と、このザハ案の実現を保証し、めでたく五輪の東京誘致に成功した。しかし三年過ぎて「ゼロ・ベース」発言と、廃炉に決めたとしてもメルトダウンの実態さえ調査もできず段取りが先のばしされている事態をみれば、宰相A_2のブエノスアイレスでの五輪誘致演説は歴史的な虚言であったといずれ語られることになろう。とはいえ、公共事業発注者とゼネコンと呼ばれる請負受注者と国際的に知名度があがったこの国の建築家たちが三位一体化して世界にも類例のない程の高度成長をやってのけた国である。新自由主義的な開港とデレギュレーションの国際的(といってもA国の要請)な圧力によってバブルが崩壊し、いくらかのダメージを受けたようにみえながら、失われた二〇年を耐え抜き大津波で深刻な被害があったとはいえ、アベノミクスによって宣伝される国土の土木的強靭化が推進されているところをみれば、この国は暴走ヘルメット一基程度の工事は朝飯前にこなせる実力を秘めているに違いない、建築家たるべきもの誰もが世界が注目するこれ程のスケールの物件をいつかは手がけてみたいのだがな、と半分嫉妬《やっかみ》ながら注視していたのに「ゼロ・ベース」とは! やっぱり「泳いで逃げ」出したのか。世界のトップ建築家たちが声には出せないが「ざまぁーみろ」とばかりに安堵する。S_S・M_S・A_Sたちは、内閣支持率回復のための宰相A_2の決断により、恥をかいたとしても責任は応急処理で逃れている。公共事業発注者、ゼネコンと呼ばれる受注者、国際的に知名度もあがった建築家の三位一体のタグマッチが他国に真似できない密実で密室的な関係性を組み立てているらしく、バブル崩壊でいったん消滅したかにみえた日本文化特殊論も復活し、とりわけ近年には宰相A_2政権が「科学技術立国論」を宣伝するところをみると、キールアーチの計算はパソコン数台並べれば簡単に解ける程度のアイディアであるから、暴走族のヘルメットが鈍亀のシルエットに縮んだとしても、二〇一九年の世界ラグビー大会前には完工し、その開幕式には現JOC会長を務める元宰相M_1は世界の超VIPをロイヤルボックスににこやかな笑顔でエスコートするだろうと信じて疑わなかった世界の眼が「ゼロ・ベース」発言の報道を聴いて、一体何事だ?と注視するのも無理な推量ではない。日本からの報道は、この政治的決定の理由を内閣支持率の低下に苦慮し、不支持率との逆転を狙ったが、無効だったと伝えるからには、さては「科学技術立国論」を上回る賭博的政策が、タイタニック号が氷山に乗り上げる寸前のような状態にあり、世論調査のデータが危険信号を送り続けているのだなと理解される。昔、遠洋航海に出た帆船の船倉には大量の食品が収められ、鼠が飽食するに任せ大量に繁殖していたのに、航海中沈没することが予知されると一匹残らずあらかじめ逃げ出すと伝えられる。いかなる兆候を察知するのか、鼠の予知能力の程は詳らかではないが、内閣支持率という日本の基本的な予知科学を内閣は信じているからこそ政治的決定がなされたわけであろう。鼠よろしく、亀は既に泳ぎ去った。安部公房の『方舟さくら丸』をもじって「方舟にほん丸」船長宰相A_2は、眼前に迫る大氷山（安保法制）へ一直線に爆進している。暴走族ヘルメットをまだ被り続けている。タイタニック号は想定外事故であった。戦艦大和は意図的な自殺行為としての沖縄海域への出撃であった。方舟のようにアララット山に登ることも叶わない我が「にほん丸」は早めに浅瀬に乗り上げた方がまだ傷は軽いだろう。先般、地中海ナポリ沖セイレーンの住む島の近くで横倒しになった「コスタ・コンコルディア号」、韓国沖で横倒しになった「セウォル号」、長江、荊州付近で横倒しになった「東方之星」、いずれも早めに船長が脱出したために非難されている。タイタニック号、戦艦大和の船長のように船もろともに沈めば英雄となる。宰相A_2の舵取り次第で「にほん丸」の行方が決まるといわれているが、新国立競技場のケースで了解できるように政治的決定とされる判断をめぐって、それぞれ決定権を持つと自称するS_S、M_S、A_Sなどがこんがらがって決定を重ねている。「重層的非決定」（吉本隆明）の事例であるが、ここでは政治的決定者群は三層に分かれる（図）。

日米建設協議

「トカゲの尻尾切り」にあった局長はクラスⅢである。二〇一五年夏段階で、この混乱を招いた責任の所在を検証する第三者委員会が立ち上げられており、いずれ詳細は議論されるとしても、責任の所在はクラスⅢにあって、クラスⅠ、クラスⅡには遡及しない予防措置がなされていることが判明する。かつて疑獄事件のたびに担当官庁の係長、課長補佐、課長が自殺して政治決着がはかられた。戦後七〇年間にわたり「にほん丸」の官僚機構を運転してきた官僚組織が身につけた知恵である。今回は局長退職で食い止めようとしているからには責任がクラスⅡに及びかねないと危機感をつのらせたのかも知れぬ。果たして一件落着といくのか。今回の件においては可視化している政治決定機構クラスⅠ、クラスⅡ、クラスⅢの更なる背後にみえないはずの黒幕Aがみえ隠れしており、政治的決定をあらためて不可能にしている。

「安保法制」は同盟国としての黒幕Aが他国と斬り合いを始めたとき助っ人に駆けつけ

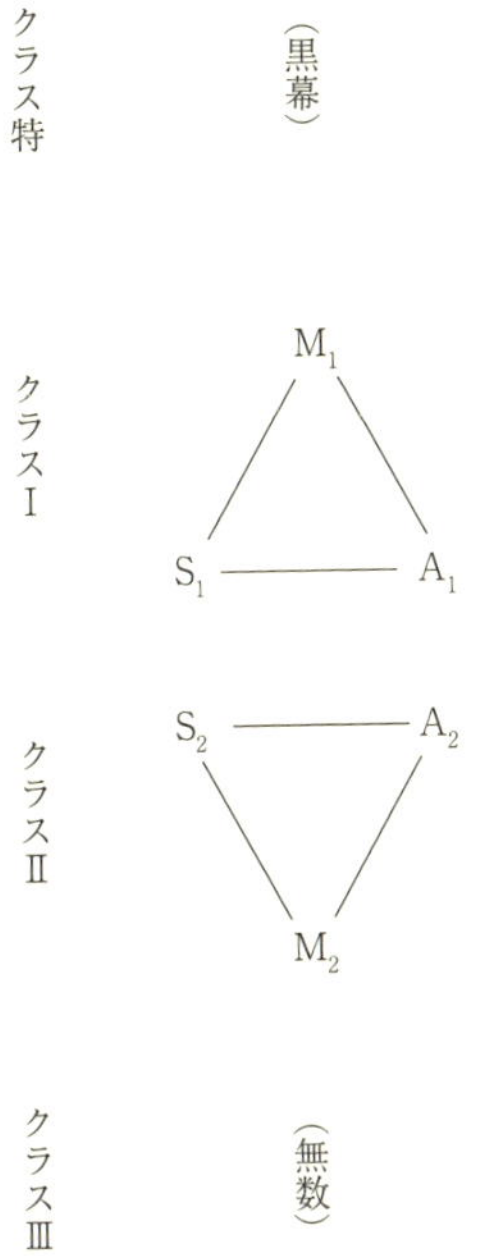

図

る、赤穂義士のひとり堀部弥兵衛の如き立ち回りを「日本軍」にさせようというものである。さしあたり、新国立競技場問題においては黒幕Aと無関係であろうとみえていたので「ゼロ・ベース」へと差し戻したため、ハードランディングで土埃が起こり、クラスⅠ、クラスⅡ、クラスⅢが右往左往しているに過ぎない。工事費用見積もりがバブル的に膨れ上がったのは黒幕Aが仕掛けた日本の建設業界にとっては第二の敗戦となった「日米建設協議」に端を発する。八〇年代バブル化してきた列島の建設事情にあって、不動産業においてはアメリカのスピリットとまでいわれる存在であったマンハッタン市中心部のロックフェラー・センターが日本企業に買収され、プライドをいたく傷つけられた腹いせもあり、民間の私企業間の取引は資本主義原則による取引であるため政府は口出しせず、バブル崩壊を待つ他ないとみてか、敗戦以来属国扱いである日本政府に対する政策提言として、大型公共事業の受注入札に他国企業が参入できる措置を要請した。規制緩和が世界的動向であることに反対する理由はないとばかりに日本政府がこの協議にのったのが運のつき。すんなりと協定が成立したのちにあらためて隠し持ったドスを突きつけられる。外国企業が受注できないのは「談合」がなされるためだ。「談合」を禁止せよ！　受注者が誰であっても流れるカネが政治家に分流するチャンネルさえ残してあげればいい。ロッキード事件でも外国企業はそれが不可欠と心得ていたではないか、といわんばかりに「談合は悪だ！」と司法が決める。これが日本文化の核心にあった美徳を破壊し、日本建設業界にとっては四〇年前の原爆でとどめをさされた敗戦に匹敵する程の痛手に至るとは政治家も外務官僚もまだ気付いていない。公共事業とはいえその受注者は単に民間業者だ。管理と検査を厳しくしない限り手抜きをやる。経済成長をかたちにしてみせるため大量の公共工事を発注してはみたが、土建立国よばわりされて逆に迷惑している。宗主国たる黒幕Aが「談合は悪だ」というならば「談合」をびしびし摘発すればいいじゃないか。安全保障のみかえりの冊封料ならば安いもの。こんな気分で正義の言葉としてメディアのみならず一般国民も建設協議の成り行きを了解していたのではなかろうか。このわずか三〇年前になされた経営学的価値観の転換が新国立競技場を事件化させた遠因であることを理解してもらわないと、「談合が美徳」であったはずの日本文化が方舟どころか泥舟に成り果てた今日の事態の説明ができない。さらには背後に黒幕Aが睨みをきかせ、内閣とこの配下にいるテクノクラート官僚機構がご機嫌をうかがいながら取り扱いにドジを踏んでいる点において、「安保法制」問題は「新国立競技場」問題と構造的に同根なのである。

「ハイパー談合システム」

新国立競技場の実施設計案が大幅に予算超過し、担当者のなかではそれまで承認を受けていた財源ではまかないきれない事態が判明し、東京都に負担を申し出たところ知事M_2は拒否、これがメディアに流れて初めて問題の深刻さが表面化した。増額の理由をザハ事務所のＰＭ（プロジェクトマネージャー）は突然に発生したオリンピック工事ブームによる建設単価増（インフレーション）、あらかじめ工事請負者（ゼネコン）が決まっているためコストの算定に競争原理が働かず、値下げの余地がないためであり、これを国際的な入札に付したならば充分に予算内におさめる成算があると強気の抗弁をした。建設単価の急激な高騰こそはアベノミクスの第一の矢が狙った点で、福島第一とオリンピックだけが過剰反応をしてバブル化している。これは建設業界が内閣支持率回復を期待してきたポイントだが、表に出ると不支持側にさらに振れることになるためメディアも黙ったままでいる。更に国際入札にして外国ゼネコンを参入させるなどしたら工期はのびるしラグビー国際大会どころかオリンピックにも間に合うまい。すでにオリンピック総建設需要がいずれかの機関で算定され、数段階にランクされる国内の全ゼネコンの受け待ち工事があらかじめ暗黙のうちに配分されており、ザハ事務所ＰＭのいい分はこの決定を根底から覆すことになるため、誘致運動段階から官民一体で阿吽の呼吸で組み立てた戦略が覆る。もっての外である。外野の建築家の中には解約して「オール・ジャパン」でやれという声さえある。それにのってＪＳＣは解約通知書をしたためザハ事務所に突きつけるが、これを押し返してのＰＭの声明文は国内事情を理解しない傲岸不遜の振る舞い。かつて植民地インドに長期滞在、相互理解に努力したキップリングでさえ「東は東、西は西、ついぞ相見にはなり得ない」とぬかしているではないか。思考停止状態にたちいったクラスⅡのA_2、S_2は「反知性主義」丸出しに「ゼロ・ベース」へと差戻してしまった。

「談合は悪だ！」とは三〇年前に黒幕Ａがバブル隆盛期の日本建設産業の強固な縄張りになぐりこんだ時の切り札だった。表向きは大型公共事業への外国企業の参入を要請したに過ぎなかったし、ザハ事務所ＰＭもこの三〇年昔に成立した協定が有効だと信じて同じセリフを繰り返したと思われるが、列島の縄張り内では新たな免疫抗体が巧妙に組み上げられていたのである。国内事情はいざ知らず、これほどの大型公共工事が国際競争入札にもせず設計見積もりする図面もなく予算も不確定のまま、既に請負業者が指名され決定されている。「談合」が請負業者間ではなく、官民総力を挙げてオリンピックを成功させるとメディアも日夜宣伝するところをみると、官民間でひそかな「談合」が行われたのではないか。かつての「談合」とは同格業者間の叩き合いで相互に自滅することを防止する仲間の助け合い手段であった。ところが司法はその現場を押さえてまず担当者を逮捕、司令を出した上司及び担当重役、遂には日本を代表するゼネコンの社長も替る替るに入獄する有様、バブル崩壊期には日本建設業界は惨状を呈した。尻尾切り程度ではすまずに頭まで飛んだ。ゼネコンは悪の権化とまでいわれ汚名を浴びたのだった。第一次敗戦の頃、総合商社が中核になっていた財閥が解体された。警察と街頭戦をやる程の地域の大型組織（組）がときに解散を宣言することもあった。だが、たちまち復活している。その過程で伝統的な非効率要因を切り捨て、組織自体を時代に合わせて近代化する。第二次敗戦で旧型の「談合」を禁止されたゼネコンも地方銀行業界に似て、天下りの受け容れシステムを確立し、官民一体協力体制がつくられる。アベノミクスが煽るオリンピックの大型公共事業の配分もいち早く完了。かつては公共が主導して配分していたので「談合」も効果を発していた。いまや民間が事業を創出し、公共が追任する「ハイパー談合」が常態化しているとみざるを得ない。かくして我がゼネコン業界は失われた二〇年の間に「談合」敗戦の痛手からめでたく復活していたのである。

一方同時進行中である宗主国黒幕Aの助っ人法案「安保法制」は「ゼロ・ベース」ハードランディングの荒技で煙に巻いたはずなのに未だに支持率が回復しないところをみると、

これも官軍一体化体制が確立され、新国立と似たヘルメットを着用し、南沙列島さらにはアラビア湾へむけて暴走スタートの合図《キュウ》を待つ姿を見抜かれているためではないか。新国立暴走族ヘルメットは、姿を亀にかえて泳ぎ去ったが、二〇一五年八月中旬の時点において、もう一つの南西方面へ向かおうとする凶暴型ヘルメット姿の、日本国憲法においては軍と呼ぶことができない〈軍〉は禁じ手ラインを既に踏み出しスタート地点に立っている。ファウルしているのだ。ドーピング検査室に連れ戻さぬ限り、ラリってしまった官軍一体の自国防衛軍は正気に戻る見込みはない。お遊びドローンの屋上着地を機密情報探知機の侵入と誤解して大騒ぎする首相官邸は、「科学技術立国」を国是に仕立てていたのではなかったか。官の劣化も甚だしいが、これにたよらねば立案もできない我が「にほん丸」政治家たちは、どないなってんねん。わしゃなんも知らへんでぇといいながら政治的決定をやっている。「にほん丸」の船長を宰相A_2に任せて暴走している。八月中旬の時点で我がゼネコンは安泰である。次の出番をおとなしく待っている。我が自衛〈軍〉も、出番を待っている。アフガンのケシ栽培は順調である。合戦の際の補給には充分すぎる程である。

偶有性と「信用」

こんな駄文を書くはずではなかった。

「安保法制」と「新国立」問題は共通の政治的決定システムで動かされていることを、社会工学的に建設業、建築設計業界の実務レベルにひきつけて説明する予定であった。手元の狂った原因は、私が五〇年あまり昔発表した初めてのエッセイ『都市破壊業KK』（一九六二年）に私の名前、新《ギブン》の訓読みと音読みであるaとsという私の分身を登場させてあったことを、今回の事件の政治的決定をなした面々をイニシャルで記号的に簡略化したところ重なり合ってしまい、A、Sに、Mを加えれば、かつて重層的決定として語られていた決定不可能性問題へと応用できると早とちりしたためである。

必然性に基づいて唯一の解に導く決定が構造的に存在しない社会にたちいったときには複数の決定可能性を見込んだとしてもその中からひとつを選ぶやり方は、論理的推論ではありえず、政治的（恣意的）決定しかない。唯一の解が存在することが前提の近代の科学技術を社会的に実現することを目的にするテクノクラシーにとっては構造的な矛盾である。かつて近代化をイデオロギーとしたモダニムズのアヴァンギャルドが政治化せざるを得なかった理由は、唯一解が存在しないためであった。経済成長が波に乗った一九六〇年頃、社会工学、都市工学、政治工学、芸術工学、未来工学、と工学部に属していない学科が軒並み工学をつけて分科していこうとした。第三次産業革命に対応する恣意的（政治的）決定に任されていたビューロクラシー（官僚組織）にテクノクラートを送り込み一国の統治までテクノクラティックにしてしまうＭＩＴＩ（通産省）がたてた戦略であった。

公共事業が入札制《ビディング》になっているのは、多数の解があるなかからひとつの解を決定する手段である。ここでなされる競争による損害を請負業者が回避し仲間と共存する知恵から「談合」が案出された。例えば高倉健主演のシリーズ『昭和残侠伝』は石切場などの人足を提供する「組」の工事入札の不正から派生する物語であって、「談合」が美徳とされていた。東映の次のシリーズ、菅原文太主演の『仁義なき戦い』は原爆によるひとつの都市の消滅が地縁によって成立していた仁義までも消し去っていた事実を実録によって物語る。「談合」によって保持されていた日本の美徳とされた仁義がヒロシマでは都市再建されてもついに回復しなかったのである。この両シリーズの前提は「組」である。そして今ゼネコンと称される現代的大企業も戦後もしばらくはその名称を保持していた「組」であることに注目すれば「談合は悪だ」とされた日米建設協議はミッドウェー海戦程の打撃を日本の産業界に与えたのだった。大型公共事業を「談合」を禁じて、『仁義なき戦い』でやれと宗主国黒幕Aから命じられたわけである。それは第二の敗戦に相当する。

偶有性《コンティンジェンシー》と語られる社会学的基本問題がそこにひそんでいたことを「にほん丸」操縦乗組員たる官僚テクノクラートは見抜けなかったらしい。数々のドジを踏みながらも、偶有的であるが故に最終決定は政治家内閣に持ち上げるという通念ができる。かつては民間にたいしては監督官庁として猛威をふるったが、今では議員立法の下請け作業員に甘んじる。そのうち足元を読まれて天下りする以前から官民一体事業を組み立てる。「談合」は必要悪だとひそかに語り合うが、業者間ではバレると犯罪になる。そこで更なる大義として国益という誰が得するのか理解に苦しむ基準が導入されて、これが大義となりおおっぴらに官民間で予備的配分の合議がなされている。といってもおそらく日本型の密議。「ハイパー談合」と呼ぶしかない。ザハ事務所のPMが見積り金額のコントロールができないとボヤくときの言い訳は、発注側のクライアントが既に決めてあった指名業者がはじく見積りしか公式に認められないからである。政治家はその額しか信用しない。いったい誰をなじればいいのか。責任の所在が明らかにできない。「ハイパー談合」化されているのである。

事態の由来をたどれば「談合は悪だ、犯罪である」と決まった時点に差し戻される。だがもっと深刻な事態は官民一体のヤンキー的ノリで推進しているオリンピック事業の目玉である荒唐無稽のザハ案でさえ日本ゼネコンのしたたかな実力で難なく完工するだろうと期待させた国際的信用が白紙還元発言とともに完全に失墜したことである。「期待を籠める」という信用は海外で仕事をする現代日本の建築家や都市設計者にとって、ときに相手方から要請される担保金など必要ない程有難いものだった。過去の実績よりも直前の契約を保証してくれる信用だった。今回の事件の海外メディアの論調をみると、この信用が実体をともなわない幻想であったという失望感と嘲笑にあふれている。この信用は「談合禁止」協定が成立する以前に大型公共事業の受注に際して、日本ゼネコンが築き上げてきたものであった。バブル期に数多くの海外建築家が日本国内の事業に参入した。官民の違いにかかわらず、日本のゼネコンは、彼らの図面上の不備は問わず無理なデザイン上の要望にも応え、クライアントの横暴にも耐えて、工期と予算にあわせて完工させたのだった。私は海外の建築家たちが、日本ゼネコンが建築家をリスペクトする振る舞いに感動したと語る場面に幾度も行き合わせた。「談合」問題で痛手を被った日本ゼネコンは次に訪れた失われた二〇年間に次なる生き残り策をはかったのだった。その結果が今回の事件の背景にある。ザハ事務所をはじめ海外の関係者や海外メディアは、バブル期の幻想をまだ抱き続けていたらしい。発注者テクノクラートも日本メディアも同じ幻想を共有していたといわざるを得ない。

「御指摘通り、うちの社長まで投獄されたところをみると「談合は悪」でした。今後は公共事業を国際慣行に従って、設計図通りに施工いたします。ついては公共事業の人工《にんく》代や材料単価を時価通りに見積もらせてください。利益率も公認会計士の決定に従います。勿論今はデフレですから単価も下がることでしょう」。テクノクラート達に対しては模範解答である。海外企業も参入できる。宗主国にも顔向できる。契約内容に変更はない。たんに積算基準を積み上げ《ランプ・サム》方式に変えただけである。

偶有性《コンティンジェンシー》とは決定的なひとつの解がないことである。仮に入札により受注者が決まって契約書に総額が記入されても、それはとりあえず決められた数値であり、変化する可能性を含んでいる。そこで予備費《コンティンジェント》が用意されるのが常態である。テクノクラートは工学を基本に据えている。その世界では正確な唯一解が求められて、余剰をなくすことを合理化と呼んでいる。偶有性《コンティンジェンシー》は不確実性とか偶然性とかと理解され、正解では排除される。すなわち予備費《コンティンジェント》は無視されていた。「談合」が犯罪とされる頃まで日本ゼネコンが一括請負いを完遂してテクノクラートの信用を得てきたのはこの偶有性《コンティンジェンシー》から引き起こされる不測の変動を計上することなく、一括の枠にのみこませてきたためである。受注者は発注側担当テクノクラートは契約金額の正確な執行を任にし予備費《コンティンジェント》を使わず完工することが手柄になることを知り尽くしており、設計図の不備や予想できなかった変更など、小規模工事でも何百項目も発生する不測の事件を見積もりにのみこむだけの余裕を持たせるために「談合」によって均衡をはかってきたのである。発注・受注者の誰も傷つかない絶妙な暗黙の了解である。こんな仁義に支えられた美徳でもあった。それを犯罪といわれるならば居直る他ない。裸にした数値を積み上げる。ただし、インフレ率加算と変更による工事費増は遠慮なく請求いたします。お国にとって超弩級花形工事であっても値引きなどしたら裏談合かと怪しまれる。公正透明でやりましょう。既に指名決定している新国立競技場工事請負いゼネコンが解体工事入札を不調にしながら、こんな信号を送っていたことを見抜けなかった担当テクノクラートが、いやそもそも偶有性《コンティンジェンシー》に対処する方策を持たぬ官僚組織が政治的決定を慇懃無礼に内閣マターに持ち上げてあったためであろうかと思われる。ともあれ世間では国際問題化してしまった責任をなすり合う泥仕合を喝采している。そろそろ第二幕がこの秋に開始されるとしても、メディア報道を含めて関係者誰も偶有性《コンティンジェンシー》問題と国際信用問題を取り上げない。

偶有性と「解釈」

さらなる国家的問題としての「安保法制」における憲法解釈もまた「解釈」の

偶有性《コンティンジェンシー》に帰着することは明らかである。九九パーセントの憲法学者が違憲としながらも一〇〇パーセントでないことを理由に政治的決定に持ち込む策略が練られている。こちらでは偶有性《コンティンジェンシー》問題を知り尽くした官軍共同体がイノセントな政治家をあやつっているとしか思えない。国際信用問題も一線を踏み越えていることを承知のうえで政治的決定させようとしている。偶有性《コンティンジェンシー》が不可避的に決定不可能性を導くと、『現代思想』誌に登場していた論者達も早くから指摘していたのではなかったか。今日のテクノクラート官僚達はこの論者達が教育した。ハンナ・アレントが、アイヒマン裁判の判断でみせたビューロクラートのモラリティもちゃんと理解したうえで「科学技術立国」論をとなえている。自らを上からの命令を正確に伝達する器官の部品と位置付けていたことは間違いあるまい。第一次敗戦後日本経済を高度経済成長に持ち込んだ頃にはときに聞こえた黒幕らしき「神の声」があったが、上からの命令は無く自前で判断しながら「にほん丸」を巧妙に運転させてきた。テクノクラートがたよりにした近代の工学的ロジックである唯一の解がまだちゃんと作動していたためである。

何時つまずきがおこったのか。『昭和残侠伝』が終わり『仁義なき戦い』に切り替わった一九七〇年頃と思われる。まだ偶有性《コンティンジェンシー》などという必要もなく不確定性《アン・サーティンティ》とか両義性《アンビギュイティ》を語ればそれなりの説明と受け取られていた。建築構造計算では余力、つまり冗長性《リダンダンシー》を適当に加えればよかった。「チャンス・オペレーション」が最先端の芸術理論であった時期ではあった。東映の両シリーズが終了したのち、高倉健は「ぽっぽ屋」となり菅原文太が「トラック野郎」をやった頃が境目と思える。「民活」が都市開発の新手法になった。第一次敗戦後の復興を支えた「にほん丸」の動力機関であったテクノクラートの推進した住宅、都市建設の巨大機構が軒並システム不全に陥り、民間活力を学べとまでこきおろされる破目になる。「談合」こそが民間活力の元手であった。乱開発躁乱状態となりテクノクラートが推進した近代化原理としての「計画」は無視され、何千件というテーマパーク風開発案で日本全土の地価を急騰させるバブルが発生した。これらのプロジェクト立案に予備費《コンティンジェント》などというケチな項目はなかった。デベロッパー達には扱いに困る程、銀行は融資勧誘していた。大型箱物公共施設が続々とつくられていった。「日米建設協議」が提案されたのは、この狂躁状態のさなかであったわけだから、大型公共事業の海外ゼネコンの入札参加という超大国アメリカがかなり下手にでたかにみえる要望に軽く応えて、経済大国の余裕をみせたのだった。それが日本建設業界にとっては「ポツダム宣言」受諾ほどの重要な意味を持つとは知るよしもない。外国企業の参入がうまくいかない原因がひそかに分析され、これが「談合」という慣習に由来すると見抜いた分析官はしたたか者であったといわざるを得ない。

時代はそろそろ偶有性《コンティンジェンシー》と真正面から向き合う必要がうまれてきていたとはいっても、予備費《コンティンジェント》の配慮のような余剰ではなく、過剰《エクセス》こそが関心の的であった。アブク銭に踊る民間開発業者にテクノクラートも同調する。「ノーパンシャブシャブ」などがメディアの話題になったので、地方自治体のテクノクラートにとって官官接待が禁止された。地方自治体においては、そのときの裏金が予備費《コンティンジェント》と呼ばれていた。それが偶有性《コンティンジェンシー》問題とかかわるか否か、会計システムの知識にとぼしい私にはわからない。

すなわち日本敗戦後七〇年の前半期には、公共建設工事の発注側のテクノクラートと受注側のゼネコン（組）は、本来的に曖昧でしかありえない建設工事の入札値をめぐって「談合」のような日本的心情の深部ともなる絶妙な解法をつくり上げ、この国の近代化を推進してきたのだったが、デレギュレーションを強要するグローバリゼーションによりこの美徳でもあった「談合」を壊され痛手をこうむった。そのときまでは、ビューロクラシー用語で勘案と呼ばれた大雑把なつかみ予算で実施される入札でさえ、ビューロクラートに恥をかかせぬ程の配慮をした特命一括請負制などが組み立てられていたのだった。「談合」禁止は事態を裸の偶有状態《コンティンジェント》に置く。リスク理論がうまれた由縁であろうが、これは日本的風土にしみ込んでいる心情からして受け入れ難いと思われたに違いあるまい。官民一体で調停する「ハイパー談合」が、政治家の仲介によって組み立てられたと思われる。

国立競技場ザハ案を「ゼロ・ベース」へとハードランディングさせてしまったのは、この裏事情を知りながら適切な対応ができなかったためである。政治家および政治家的振る舞いをする権力機構（クラスⅡ、クラスⅠ）の面々が、偶有性《コンティンジェンシー》問題に無知であったことに起因するとはいえ、現在の情況では根本的な解決策は見当たらない。しかし国際コンペ以来三年間も成り行き任せにしたあげく、国際信用を落下させたことは重大である。周辺諸国の提言を無視しても押し切ろうとしている「安保法制」も同じ過程を踏んでいる。驚くことに関係者全員誰一人も国際信用問題をシリアスに受け取っていない。この「にほん丸」操縦員の頭脳劣化によりいよいよ第三の敗戦をむかえてしまうのか。

有識者会議は盲判を押す。第三者の提言には聞く耳を持たない。これが我がテクノクラートの自己器官防衛策である。第二幕では決定の舞台を内閣府へ引き揚げた。第一幕を悪条件のもとで再演することになる。プロジェクトを進行させる機構も人物もまったく変わっていないからである。ここに、コンティンジェンシー対応マニュアルがないからやはり予備費《コンティンジェント》が必要になるだろう。ふたたび暴走を許すであろう。

私はこのドタバタ劇で、日本建設技術力の国際信用が堕ちてしまったことをもっとも憂慮している。適切な処置がただちに採られなかったら、二〇二〇年には「ゼロ・ベース」に下降していることだろう。それも第三者の盲言《たわごと》だから、聞く耳を持たないこともわかっている。

2

「日の丸」排外主義《ショービニズム》

二〇一五年九月

スクラップにされた

二〇一五年八月一五日の（敗）戦後七〇周年記念日に宰相A_2は「談話」を発表することを表明していたため、周辺諸国、宗主国Aの民主、共和両党さらには日本研究《ジャパン・スタディ》の学識者の連名による忠告など、数々の牽制球を受けており、A_2内閣支持者である学識者委員会を組織し、ヒットにも三振にもならず、ファウルチップ程度で時間稼ぎする原案を作成させ、英訳文も慎重に吟味させ配信の準備も完了。あとは棒読みするだけになった前日「新国立競技場」の新しいガイドラインを発表した。二〇二〇年七月二四日開幕の四か月前に完工させる、前年のラグビー世界大会には用いない、コストは可能な限り削減する、「アスリート第一」とする、とされていた。海外ではこの時初めて「ザハ案はスクラップにされた」（ロイター通信「ザ・ガーディアン」）と認識された。ほぼ一か月前の「ゼロ・ベース」発言後も、ザハ事務所は継続作業を主張していたし、国内メディアでは予算超過の責任者追及の話題と、担当大臣を文科相からスポーツ相へと移す人事など瑣末なことばかりが報道され、「ゼロ・ベース」発言が七月一五日の「安保法制」強行採決の暴挙をメディア上にて隠蔽する作業がやはり奏功してきたかと思わせるなかで、さらにオリンピック関連の話題へと関心を向けさせる「東京五輪・パラリンピック・エンブレム」を発表。ところが、ベルギーのデザイナーがエンブレムの使用差し止めを求める文書をJOCに送付、いいかげんな対応にデザイナーはIOCに対して使用差し止め訴訟をリエージュの裁判所に起こしたと発表する。「ザハ案スクラップ」報道の末尾に「オリンピック・ロゴ・盗用疑惑」が付加されている。「ゼロ・ベース」発言は日本の建築・建設事業の信用低下であったが「エンブレム盗用疑惑」はクール・ジャパンと宣伝する日本のデザイン力が一九世紀のメイド・イン・ジャパンが模造品の代名詞であったときから一〇〇年あまりして、昔のレベルに戻ったのではないかと思わせる。五五年前の一九六四年オリンピックの亀倉雄策制作のロゴが、五〇年代に東欧構成主義を受け継ぎ華々しく展開したポーランドのグラフィックデザインの影響を受けたとみる節もあったが、使用されたタイポグラフィといい、日の丸を日の丸らしくなく白地一杯に扱う点など、オリンピック史上最も印象的であり、丹下健三のオリンピック・プールのデザインとともに日本のデザインが一挙に世界の注目を浴びた頃もあったのに、半世紀過ぎて孫の代になったらヤンキー的ノリで「がんばろう」としかいえない空っぽ世代になっている。日本は一九四〇年にオリンピック誘致に成功していたにもかかわらず返上した歴史もあり、オリンピックのような国際的巨大イヴェントを催す組織力が欠けているのではないか。この分では二〇二〇年オリンピックを返上しかねない。「安保法制」を強行採決せざるを得ないのは「国民党ごときは相手にせぬ」と語り中国侵略を正当化したあげくに数百万の邦人を侵略地に放置することになってしまった、一旦は国際事情に通暁した知識人たちが支持した内閣の判断力と、JOC、JSC、A_2内閣、都知事M_2以下諸々の圧力団体のザハ案および盗用疑惑エンブレムのドジな取扱いは、相手が海外である点で共通している。亀倉雄策は戦争中対外宣伝目的で出版された雑誌『NIPPON』の最若年の版下制作係員であった。丹下健三は「日本工作連盟」が紀元二六〇〇年記念祭典とオリンピック、万国博を同時開催する動きで始めたイヴェントにモダニズム側からの参画をねらって発行した雑誌『現代建築』誌の最若年の編集スタッフであった。いずれも海外留学した先輩たちが徴兵されたり左傾したりして逼塞させられていくなかで、空いたポジションを穴埋めしながら腕をみがいていたのだった。そして二〇年後に東京オリンピック・デザインの主役になる。勿論、戦後になって亀倉雄策はポーランドを訪れ現地のデザイナーと交流した。丹下健三はMITに招かれた時、ニューヘヴンに足をのばしてエエロ・サーリネンのホッケー・リンクをみて、建築家本人とも親しくなった。あげくに六四年東京オリンピックでデザインしたエンブレムやオリンピック・プールは、海外の同僚たちが舌を巻く程の絶妙な完成度に達していたのだった。これらのデザインが二〇世紀中期に世界のデザイン史をつくりあげたことはいまや世界共通の基礎知識になっている。$A_S M_S S_S$が衝動的に政治的決定を繰り返し、遂には巨大イヴェントの組織能力を疑われ、「二〇二〇五輪返上」の噂まで聞こえ始める背景には、エンブレムと建築においてデザイン史上特記される程の達成があり、それが日本デザインの国際信用を獲得していたことへの失望と嘲笑がある。あげくに$M_1 M_2$新五輪担当相出席のもと、日本オリンピック組織委員会は九月一日、エンブレムの使用中止を決定。ふたたび海外メディアは「日本政府は盗用疑惑のあるオリンピック・ロゴをスクラップにした」（二〇一五年九月一日「ニューヨーク・タイムズ」）と報道。国内メディアは採用が決定したとき壇上でガッツポーズをするデザイナーのベソをかく顔を大映しにする。このメディアの扱いはスケープゴートにされてしまったデザイナーの肖像権侵害ではないのか。

昨年基本設計案が発表されたとき、暴走ヘルメットが鈍亀に姿を変えた有様をみて、『新国立競技場　ザハ・ハディド案の取り扱いについて』（二〇一四年一一月五日、報道機関への配信意見書）という一文を発表した際、この案がもてあます程に巨大化している原因はテンコ盛りになった与件《ギブン》のためと考えて、軽量化のためのプログラム見直し提案をするにあたって、この案では次世代が迷惑する「粗大ゴミ」（日文）になると書いたが、この意見書の本文は「white elephant」（英文）であり、日本では「ホワイト・エレファント」はなじみがなく、真意が伝わりにくいと考えてバブル期に量産された迷惑公共箱物建築を

ザハ本人がそのデザインを批判されたと受け取ったらしく、感情的に反応していたが、いずれ友人たちの忠告もあり与件プログラムのテンコ盛りに起因すると理解し、いくつかの改定案をクライアントとして振る舞うＪＳＣに逆提案したが、上層部のヤンキー的ノリでテンコ盛りになったプログラムを変更する気はさらさらなく、変更まかりならぬとのお達しで、見積り額が膨張するにまかせざるを得なかったことが実情であるとしたならば、発注者甲が与件《ギブン》の正確な履行を受注者乙に求める契約書に相方署名して成立する契約書《コントラクト》を完全に満たす設計図面を納入することをプロフェッショナルな業務とする建築家にとって、「ホワイト・エレファント」になり果てる内容を一字一句変えることができないわけであるから、無駄と知りながらも黙って契約業務を完了し、クライアントが既に選んである工事請負業者のいれる数字を見積り額として提出する他ない。これがプロフェッショナルな作業である。仮にその与件《ギブン》が命令《オーダー》であり、契約内容がアウシュヴィッツの焼却炉の運用であったとするならば、上層部の命令を与件《ギブン》として受け、忠実に実行したと語るアイヒマン裁判の被告の弁明と近似してくる。付随する法的倫理的問題をパスして、発生した事実だけみれば、不謹慎な言い方になるが、アウシュヴィッツでは人間が、「新国立競技場廃案」事件ではデザインが「スクラップ」にされたのである。「安保法制」を生き残らせるために「ザハ案とエンブレム」が身代りにされたことになり、二〇一五年七月一五日にはじまる一連の政治的事件は禍根をのこすだけで何ひとつ解決されていない。

前章で、「新国立競技場」問題における政治的決定者を三段階に分類してある。アイヒマン裁判をこの図式にたとえれば、クラスⅢである。ニュルンベルグ、東京での戦争犯罪裁判はクラスⅠであった。「安保法制」を生き残らせようとたくらんできたのはクラスⅡである。「新国立」や「エンブレム」は戦争とかかわりないと思われているので、戦犯扱いされないとはいえ、戦争に直結する「安保法制」を成立させる「裏」の誘導作戦であることは政治的決定が日付として、ほとんどパラレルに、しかも同一のメカニズムによって決定されている事実から、その関連を推論可能である。

九月中旬の時点において、この決定機構に変更はない。元担当相S_2が退き、新たにスポーツ相がその職につき、五輪組織委員会副会長を兼任するスポーツドクターＪＳＣ会長は退任した。当面の混乱の責任をとらされたと報じられている。クラスⅡにおいても責任回避処置がとられている。クラスⅢ（無数）としか記されていないが、我がテクノクラート官僚が巷ではうかがい知れぬ早業で対策を練っているらしく、あらためて「新国立競技場」問題は内閣マターになったことが確認される。事態の進行情報を「上げ」てもらえずにクラスⅡの決定者たちが判断できる状況がなかったとぼやく科白がインターネットなどの雑報で漏れるたびに、責任回避発言に過ぎないとクラスⅢ（無数）のテクノクラート官僚が出身部局のプロジェクト対応能力の経験的格差を競い合いながら保身の術を使い、知恵をしぼり合っているらしい。文科省系スポーツ担当者が無能力呼ばわりされ、今回も国交省系担当者が呼び込まれることになったのは、五〇年昔の大阪万博が、堺屋太一が所属した通産省（デザイン課はこの省にあった）が、発案したので所轄担当をすすめていたのにやっぱりプロジェクト担当能力の不足を指摘され、旧内務省系に人事権を奪われたあげく自治庁（大蔵省）建設省系に事務総長職まで奪われた一九六七年（開幕三年前）の事件を想い起こす。今回は現都知事M_2が「文科省ごときに一〇〇〇億円桁のプロジェクト対応能力なんてあるわけない」と発言したことになっているが、大阪万博のときは、事務総長をつとめた更に何代か前の都知事が、同じ科白を通産省に向けて語った。あげくに旧内務省系である建設省系が万国博会場建設の主要決定ポジションを占めたのだった。戦争で犯した過ちを学ぶことをしない宰相A_2以下と同じメンタリティを我がテクノクラート官僚は抱いているらしく、大阪万博会場計画のような更に近過去のビッグプロジェクトの事例さえ学ぼうとしない。この官僚たち、すぐれた能力を持っているからこそ日本政府官僚になったに違いないのにこのザマとなるのは知力不足ではなく、単なる思い上がりといわざるを得ない。

今夏、A_2内閣が「安保法制」を衆議院で強行採決した暴挙（二〇一五年七月一五日）は五五年昔「日米新安保条約」を国会内に警官隊を導入したうえで、同じ自民党が強行採決した（一九六〇年五月一九日委員会採決、二〇日衆議院本会議採決）暴挙の再演であったと語られるとしても、当時の首相が宰相A_2の祖父であることから、一八四八年二月革命の成果を簒奪すべく行われた一八五一年のクーデターをカール・マルクスが「はじめは悲劇、二度目は笑劇《ファルス》」（『ルイ・ボナパルトのブリュメール十八日』）と記した名言とあまりにも事態が類似しており、マルクスの歴史的洞察の鋭利さを賞賛すべきか、現宰相A_2が、いずれナポレオン三世が第二帝欧をつくりだした歴史を極東の列島において実演したいとの下心を抱いているのか、このあたりの事情はのちに内務相となるド・モルニーが「布告」を極秘に印刷しいったん共和政を崩壊させたうえで警察権力的統治へと移行させた「陰謀」に注目して著された『帝国の陰謀』（蓮實重彦）に見事に描きだされている。「陰謀だ！」は『リア王』（シェイクスピア）の鍵となる科白である。この科白が『リア王』をギリシャ悲劇的悲劇として成立させている。蓮實重彦がド・モルニーの「陰謀」に着目したのは、もはやドラマ（悲劇的）としては成立しない、したがって「凡庸」でしかあり得ない近代社会の情報メディアの支配形態を萌芽的にみせることになるド・モルニーなる人物（かつては内務相、今日では官房長官か）のはたす役割こそが事態をうごかし、法定（陰謀）者たりうるとみたためであろう。その叙述はマルクスの韻を踏んで「笑劇《ファルス》」的になっている。

　悲劇と笑劇のちがいがあったとしても、日米安保関連の暴挙が演じられた際には、それぞれ数年後にオリンピック開催をひかえ、国会議事堂の在る都市東京は、その準備におおわらわであった。オリンピック競技の受け手はＩＯＣの基準に従えば都市である。世界のアスリートが技を競う場を世界のいずれかの都市に三週間ほど間借りする。受け手都市としての東京が訪問客に見苦しく思われぬ程の整備をするのは当然のことばかりに都市丸ごとの整備を始める。幹線道路も戦後復興期に建てられたバラックも、この機会とばかりに新築され、後に「惑星ソラリス」（一九七二年）においてタルコフスキーが未来都市のモデルと見立ててロケを行った赤坂見附のインターチェンジもこの時に建設を開始した。江藤淳が怒り狂った「弁慶橋の「お濠」」（「古い米国と新しい日本」江藤淳、一九六五年一月）の上空の光景であり、「この東京の悪しき変貌を加速させる「近代化」の代償に我々が喪ったものの象徴のようにみえた」（傍点筆者）場所だった。半世紀後に同じく景観破壊として、怒り狂った多数の言説が登場し、日本建築家協会の若手建築家たちによって、ザハ案に対する抗議文としてしたためられる。その契機となったのは槇文彦によるエッセイ「新国立競技場案を神宮外苑の歴史的文脈のなかで考える」（「JIA MAGAZINE」二〇一三年八月一五日発行）である。この半世紀後の言説は江藤淳のいう「近代化」の代償として我々が「獲得」（?）（傍点筆者）したものの象徴のようにみえたザハ案の過剰性《エクセス》についてであった。槇文彦は江藤淳と同じく東京で育ち、アメリカに渡り、その地で学び、今では東京を故郷とみなしている。しかも建築家として、神宮外苑付近に「近代化《モダニズム》」のデザインをやる過程で、この付近の環境条件、その歴史的展開も熟知しているから、江藤淳の記憶と体験だけにたよる言説以上に都市のロジックと建築の実務にかけてははるかに経験を積んでいる。両者とも日本にとっての宗主国黒幕Aの文化を体験的に研究したうえで、「生まれも育ちも」属国扱いされてきたこの列島の首都であるため「故郷」になった東京でオリンピックにともなう変貌に怒り狂う理由は理解できるとしたほぼ同年輩でありながら、槇文彦が「近代化」された東京を故郷とみている点だけが異なるが、批判の根拠をそれぞれ三〇年昔の東京に巻き戻している点では共通する。

関東大震災とその二〇年後の東京大空襲でも、下町は大量の死者をだしたが、明治政府が封建領主たちの江戸屋敷を一挙に召し上げてつくりだした緑地帯は両災害にも生き残った。皇居の森、靖国の森、赤坂離宮、新宿御苑、明治神宮の森、代々木練兵場跡、と更に西方へと点々とのびて、武蔵野の林まで緑地帯はとぎれることなく連続していた。一九六〇年、街頭、とりわけ国会周辺へと新安保条約反対デモが繰り出している頃、オリンピック整備計画の名目のもと、この連続緑地帯がずたずたに分断される。「ワシントンハイツ」という占領軍駐屯地ができあがっていた。GHQは皇居の堀端から移動したが、この明治神宮に接する練兵場跡地は OFF LIMIT のまま。この頃まで東京都心では宗主国が存在を可視化させていたのだが、その恩寵をみせようとしたのか、オリンピック施設に利用するための払い下げ交渉がすすめられる。その噂を聞きつけて、土地利権暗躍者がドッと集まる。最大の頭目はNHKだった。先回のオリンピック施設整備委員長であった東京大学名誉教授岸田日出刀は周囲がとめるのも聞き入れずに、NHKの移転反対の論陣を張る。半世紀後の今日、丹下健三設計の代々木オリンピック・プールの真横に醜悪な巨体を晒しているNHKの事務棟がプール建物のエレガントなシルエットの向こうに立ちふさがり、はるか西方にときに姿をみせる富士山までをワンカットに収める絶妙の光景を台無しにしてしまうことを予測しての猛反対であった。「ワシントンハイツ」の払い下げ条件として、大会終了後はモニュメント（オリンピック・レガシー）として吊り構造のアンサンブルだけを残し、早大、東京工大関係の建築家に割り振られた仮設のオリンピック村は今日NHKが占有する土地を含めてすべて森に戻すとする約束がかくして反故にされてしまった。宗主国Aが、如何程までに東京の景観を配慮したかは知らない。森へと戻す約束はむしろ明治神宮周辺の環境整備を東京都が市民と交わそうとしたと理解すべきである。更に附記するならば、ザハ案について、槇文彦の控え目な批判文がたちまち明治神宮外苑環境問題へと拡大していった過去二年間の経緯もまたあのマルクスの箴言を呼び返す。その反復する劇のなかにもかつての悲劇の回では岸田日出刀という役者がＮＨＫ批判をしたことにより東大名誉教授としての晩節を汚したとテクノクラートからは評されているとして、今回の笑劇ではテクノクラート達は同役に槇文彦を名指している。さらには、ザハ案を選定した審査会に同じく三名もの東大名誉教授が名を連ねており、こちらは喜劇役者を演じている。「ゼロ・ベース」に差し戻されてしまったとはいえ、三年間は世界建築界、スポーツ界の中心的話題になったことだけは事実であるから、去る八月に国際メディアが廃案と認識するまでは自らの政治的鑑識眼をひそかに自慢してきたに違いないとして、この三名のうちの誰が岸田日出刀そして槇文彦ほどの見識と度胸をもってテンコ盛りで巨大化したザハ案とその明治神宮外苑の環境問題を取り扱おうとしたのか。そのうちの一名であった故Ｓは『東京の地霊』（鈴木博之）のなせる業を読みきれなかったと答えることは想像がつくが、審査委員長A_1は「どないなってんねん。わしゃなんも知らへんでぇ」と記者会見で語るところをみると、$M_1$$S_1$と口裏合わせして吉本興業に学んだお笑いを演じ、マルクスのいう笑劇《ファルス》の主役を演じているし、その迷優ぶりは大々的に報道されている。残る一人の名誉教授は事件化した段階で沈黙を守っていることをみると、機会主義者としての本性をいよいよみせるかと見受けられる。笑劇《ファルス》を演じている三人の役者はザハ案廃案と

いう想定外事件にまっとうに立ち合うことを避けている。政府が次幕を組み立てるために、コンペ審査員に担当する有識者を選んだと発表するなかに、この三名の名前はない。お役御免とされたわけか。次なる審査員にもやはり予備軍である東京大学名誉教授が指名されているところをみると、我がテクノクラート官僚にとっては、このポジションはよほど使いやすいのであろう。間違っていようがなかろうが政府の方針を正当化してきたからこそ、名誉のタイトルをいただいている有識者である。だがこの度の役は蓮實重彥の言葉を借りるとすれば「凡庸」であることにおいてしか努まらぬであろう。世評では適格とみているが、ここでの布陣、さらには今後組みたてられていく応募側の配置はすぐれてドメスティックであることから、「原子力村」と相同型であることが判明する。役はむつかしくない。目暗印を押すだけである。

汗かいてくれよ

八月二八日、日本政府関係閣僚会議は、新国立競技場の整備計画を発表。記者会見には宰相A_2が新旧担当大臣を両側に座らせた。文科相からスポーツ相へ担当が移管していたとしても、両者はエンブレムの中止を決める大会組織委員会には出席している。ザハ案廃案、エンブレム使用中止とする第一幕の幕引きは旧担当相、次幕が新スポーツ相というわけか。学園祭で文化部をひっこめ、運動部を主役に据える、戦時中のなじみの光景でもあった。暦では八月八日が立秋。東京はその頃まで猛暑であったがまだ残暑のなか。「汗かいてくれよ」と肩をたたかれたのは誰だったのか。この絶品ともいえる官僚用語は親密を装いながら上司が不可能な課題を部下に押しつける際の科白である。迷走して「ゼロ・ベース」にされた当初案を捨て、新たな舞台を組み立てたのは誰か。猛暑のなか、大汗かきながら、無責任な政治決定を繰り返した$M_S A_S S_S$の顔を想い浮かべながらテクノクラート官僚の起案したプロポーザル募集要項は、あらためて「大汗」かかせてやるぞとばかりの意趣返しともみえる。近代日本建築界で一〇〇年前から築き上げた（戦いとったというむきもある）制度や思考方式までを覆してしまわねば解けない難題が巧妙に仕掛けられている。「整備計画」は至極もっともな項目が羅列されているかにみえるけど、二点だけをとりあげる。

1．基本理念（3）周辺環境との調和や日本らしさ（傍点筆者）。

3．工　期（2）事業主体であるＪＳＣは整備期間を極力圧縮するために設計施工を一貫して行う公募型プロポーザル法式（設計交渉・施工タイプ）による公募を行うものとする（傍点筆者、この文言の意味は不明瞭）。

「周辺環境との調和」については嫌という程論じられたので附言することはない。「ゼロ・ベース」になったからには解決は先送りされたことだから、次の走者が「大汗かいて下さいよ」といわんばかりの球を投げられたわけだ。『東京の地霊』に相談するのも一案だが、その著者は故人となりもう新しい有識者のリストにはみえない。「日本らしさ」とは何か。「整備計画」には（2）特に配慮すべき事項、のなかにその趣旨が説明されている。

わが国の優れた伝統や文化を世界中に発信し、内外の人々に長く愛される場とするため、日本らしさに配慮した施設整備を行うとともに、木材の活用を図る。

「日本らしさ」に配慮するために「日本らしさに配慮した施設整備を行う」と趣旨説明されている。これはトートロジー（同義（語）反復）である。起案者の暑気あたりではないかと思い、国際コンペの次段階として、内閣が記者会見で発表する程の文章であるからには必ず英訳文がついているはず、その際にはトートロジーでは意味をなさぬと思い、「整備計画」書の英訳を急ぎ探してもらったが、ない。日文だけしか存在しない計画書であった。「世界中に発信」される際のキーワードが「日本らしさ」らしいことはこの日文から推量できるとして、トートロジーでしか語れていないキーワードをどんな具合に発信するのか。トートロジーとはナンセンスのこととは昔、言語学的転回といわれた頃に流行したが、それもザハ・ハディドがデビューして、最初に列島でもアンビルトとなったプロジェクトを発表した頃にはもう失効していたいい回しのはず。その趣旨説明のつづきに「ともに、木材の活用を図る」とあるからには林野庁あたりからの出向者が間伐材利用キャンペーンをこころみるべく起案に参画したのかもしれない。「木材活用」すれば「日本らしさ」にみえると解釈するのはあまりにもナンセンスであり、受信する世界側は理解に苦しむだろう。仮にこのナンセンスを起案者の表現力不足と好意的にみておいたとしても、この案件は関係閣僚会議の了承決定事項である。相変わらず笑劇《ファルス》は演じつづけられている。

だがナンセンスとばかり笑い飛ばすわけにもいかぬ。「日本らしさ」という文言が「国立」施設の設計与件《ギブンプログラム》に組み込まれている。かつて昭和天皇御成婚記念に整備された上野公園の中央正面に位置する現東博（東京国立博物館）のコンペ（一九三一）の規約のなかに、「東洋趣味または日本趣味」とすると記されたことからボイコット運動が始まり、「負ければ賊軍」（前川国男）の名科白が日本近代建築史に必ず登場し、これを「日本的なもの」（堀口捨己）の言説へと展開させたところに今日の現代日本建築の思想的な思考が始まった。

とはいえ、実情は今みるように帝冠様式の大屋根をかぶることになってしまった。近代の国立施設のコンペ条項にあった「東洋趣味または日本趣味」と書かれた文言は、トートロジーと笑い飛ばすわけにはいかず、モナリザ展以来、常に長蛇の列ができる建築物の存在感に日本近代建築家たちは深い敗北感を抱かされてきたのではなかったか。一九三〇年段階で大屋根が売りにできると考えた起案者を精神的に受け継いだかにみえる関係閣僚諸氏は、まさか木材製ユルキャラが「日本らしさ」を表現していると考えているのではあるまい。国立と冠がつくときテクノクラート官僚がひとつ覚えで「日本」を呼びだすこの旧年来の悪癖は隔世遺伝子になっているのだろうか。いや単なる知的レベルの低下に過ぎなかったのだ、と思いたい。

もうひとつの節の「設計・施工の一貫」は更に深刻な打撃を日本建築設計業界に与えるだろう。ザハ案批判に一挙に賛成し、幾度も声明文を提出した日本建築家（設計業）協会の諸氏は、今世紀に入る前に故人となった諸先輩が一九五〇年代から設計と施工を分離する運動を展開、国立施設がコンペになる度に大きい論争を起こし、政治的圧力団体まがいの運動も重ねて、遂に制度的に設計と施工を分離する法案を成立させたが故に、現在の設計事務所という業態が保証され、専門職能的アソシエーションができあがり、名刺にその職能名が印刷されクライアントたちの信用を得ていることを承知していよう。現在の社会的信用を獲得できたのは、先輩建築家達が国会図書館コンペ、最高裁コンペ、国立箱根国際会議場コンペ、そして第二国立劇場コンペなど、国立施設のデザインが「一般公募」されると発表される度に建築設計業を自立させる、そして建築家というプロフェッションを日本社会から認知される活動をやったからである。そのおかげで今の世代が建築家と呼ばれることになった歴史を知らぬはずはない。そのきっかけが設計施工分離で、攻撃目標がこのときはゼネコン設計部であった。建設請負業を営んだ大工棟梁由来の「組」が近代化する過程でサービスエンジニアリング業務にあたる設計部に建築家を雇い入れたため、昔ながらの旦那気分を持つクライアントの信用を獲得、そのため民間の建築設計業が成立する余地がなくなった。そんな時代が一九五〇年代まで続いていたことを思いだしていただくといい。今回ザハ案の基本・実施設計段階の協力者（契約書において実はこちらが設計者でザハ事務所はコンサルタントだった）になった大型設計事務所が「巨大建築は社会の要請だ」と居直りをみせた一九七〇年代の論争の背景に請負設計部《ゼネコン》問題があり、今日建築三会と呼ばれる構図が成立した長い歴史があり、これを社会制度としてのモダニズム建築レガシーと呼ぶことも可能になっている。その構図が崩壊する契機ともなるだろう。「設計施工を一貫して行う公募型プロポーザル方式」に英訳がないことは、今回の公募は国内むけであり、先回の大々的に打ちあげた国際コンペ方式は「ゼロ・ベース」発言により破棄されたと解さねばなるまい。ドメスティケーションしてしまったのだからブリーフなどという用語も使えない。ＪＳＣの解約通告文を押し返しても更なる継続を主張したザハ事務所ＰＭは八月二九日付の日文だけの関係閣僚会議の内容を如何に理解していたのだろうか。同義語反復と語義矛盾に満ちたプロポーザル方式の公募に如何に応えるつもりだったのか。

デザイン・アンド・ビルド

――組織者から見積もり額超過を理由に廃案にされた有名デザイナーは日本のエンジニアリング会社と組んで目玉物件《ショー・ピース》競技場に再挑戦（二〇一五年九月七日『ザ・ガーディアン』）。

――初期のデザインがスクラップにされたザハ・ハディドは日本の会社とチームを組み二〇二〇東京大会を競技場の新しい計画の入札《ビッド》に応募する（二〇一五年九月七日『ザ・テレグラフ』）。

ザハ・ハディドは「私は可能性の限界に挑戦している」（同右）とインタビューに応えている。「機会をつくってくれた日建設計に感謝する」と外交辞令も附け加えた、三年間無駄金を使ってオリンピックの準備を混乱させて悪者あつかいにされてきた有名建築家《デザイナー》はやはりプロフェッショナルであった。その前日、エンジニアリング会社日建設計は自らのホームページに「新国立競技場整備事業、公募型プロポーザルに向けて、ザハ・ハディド事務所と設計チームを組成」と英文で発表をした。ここで設計施工一貫を“The National Stadium's new Design and Build competition”と訳している。過去二〇年ほど海外に進出し、グローバリゼーションする都市開発事業にエンジニアリング事務所として参入した経験を持つ日本企業として、マーケット・オリエンテッドとなった国際的都市開発事業に参画するなかで、「デザイン・アンド・ビルド」へと設計建設システムが移行している事態を経験していたのであろう。海外通信社の使う用語のなかに建築家《アーキテクト》はなく、ザハ・ハディドはデザイナー、日建設計はタイトルをエンジニアと冠されている。二〇世紀の中期にRIBA（王立英国建築家協会）、AIA（アメリカ建築家協会）のつくりあげた業態の基準が国際基準になり、UIA（国際建築家連合）が追認していたのに都市開発資本が流動化した過程で、これらの建築家協会の業務規定が古ぼけてきた。そこでイメージや布置を描くデザイナーと、具体的な設計図を制作するエンジニア事務所に共同させる「デザイン・アンド・ビルド」システムが常態化した。一九九〇年代になるとデザイナー達の判断もマーケット・オリエンテッドになっていく。勿論エンジニア達もマーケットから呼び出されるときにはじめて業務が成立することになった。中近東と中国が開発ブームになった頃のことである。多々催された国際コンペでも、プロポーザルと称される場は、デザイン／エンジニアリング／コンサルタント／PM／CM《コンストラクション・マネージャー》などのチーム編成が審査基準になった。A_2内閣が発表した整備計画の規定の日文は字面をそのまま受けとると「日本らしさ」などという国際常識では理解に苦しむ文言など混在するが、そのなかの「設計・施工一貫法式」をザハ／日建設計チームのように「デザイン・アンド・ビルド」と解釈すれば二〇年ほど昔から国際慣行となった建築家《アーキテクト》のかかわる余地のないシステムを正式に日本政府が採用したことになる。さらに認識しておくべきは、英語にすれば「デザイン・アンド・ビルド」コンペティションではあっても応募資格があるのはデザイナーを雇いいれたゼネコンのつくるコンソーシアムである。いいかえると、「設計・施工一貫体制」であって建築デザインはおそえもの程度の評価点数になる。「談合禁止」の頃までに、わがゼネコンが組みたて、クライアントの信用を勝ちとってきたあのやりかたにもどったのである。こんな事情を「汗かきながら」起案したわがテクノクラートは国際慣行を知ったうえで日文しか読まぬ建築家たちを煙に巻こうとしたのか、成り行き上、予算超過の責任をゼネコンに背負わせる対策を勘案するうちにこんな整備規定をデッチあげてしまったのか、あらたに任命された「技術提案の審査（別紙3）」をする学識経験者に建築家《アーキテクト》の存在を消去しているこの入札《ビッド》の意義を説明してあるのか。笑劇《ファルス》とはいえ「わしゃ何も知らへんで」ではすまされない事態に立ちいたったことだけは確かである。

「日の丸」排外主義《ショービニズム》

翌日の参議院本会議において、A_2内閣が、「安保法案」の強行採決を行う際の本会議場における与党陣笠代議士の配備隊形の段取りなどの細目を決めた九月一八日が、「新国立競技場整備事業・公募型プロポーザル」の受付〆切日であった。当日、ザハ／日建設計チームは、募集要件を充たす請負会社《コントラクター》（ゼネコン）がみつからず「応募を断念」するしかないと発表。夕刻になり、日本の設計者と既にザハ案の実施設計案を施工するべく選ばれてあった大手ゼネコンがそれぞれ核になるコンソーシアム二社だけが応募したことが報道された。「ゼロ・ベース」に戻される前に日建設計とともにザハ案を図面化するべく協力事務所となっていた日本の二社がそれぞれのコンソーシアムに参加しているところをみると、この二か月間の世界の建築界、スポーツ界を騒がせたドタバタ劇は、ザハ・ハディド事務所とオーヴ・アラップ（構造設備などの設計コンサルタント）を排除して、「オール日本」でがんばろうと発言していた「アスリート第一」構図がそのまま成立している。

偶有性《コンティンジェンシー》が唯一解を導かないことを逆手にとり、「安保法案」審議過程で試行錯誤しながら学び取りながら排外、内向で「日の丸」挙げて「がんばろう」の掛け声だけで押し切った九月一九日には「ゼロ・ベース」発言によるスクラップが世界から非難され、日本の建設・建築設計産業の国際信用もここできっぱり「ゼロ」になる。応募コンソーシアムの水面下での編成プロセスが如何にも偶有性《コンティンジェンシー》のランダム性、不確定性によってドタバタ劇の如くにみえながらも、そのなかにあって、日本の水面下が読めないザハ・ハディド事務所の情報収集力不足もあろうが「ゼロ・ベース」発言にも驚いた気配もみせなかった我がゼネコンは、めでたく当初の事業配分を崩《スクラップ》されることもなく、そのままの体制で進行させてきたことが判明する。「ハイパー談合」かと疑ってみたところで、何の証拠もない。この過程にしかるべき役をはたしたとみなされているかつての審査委員および委員長A_1もだんまりを決めこんでいるところをみると、「新国立競技場」は最初のコンペの当選者の決定が予定を捻じらせただけであって、少しばかりの無駄金と時間と膨大な人的エネルギーを費やして、やっと軌道修正ができたとみえる。まるでアポロ一三号の生還物語を暴走してしまったザハ案廃案が再演したようにもみえた。いずれNASAは月旅行計画再編へ、そして中止へと追い込まれたが、まだIOCとの約束が残っている。この応募した二社のコンソーシアムはいよいよ工事段取りの始まる来年初頭には、あらためてひとつのコンソーシアムを組むだろう。そうすれば二年前に指名された段階に立ち戻るわけで、迷走したデザインがもどって来るのを待っていただけのこととなるのだが。ともあれ海外勢は排除された。オリンピックの舞台に例えれば、「日の丸」だけが国歌とともに揚げられる。他国の国旗は見当たらない。ハーケンクロイツのバナーばかりが吊られた一九三六年ベルリンオリンピックの光景を喚びかえす。「安保法制」の強行採決、「暴走ヘルメット型スタジアム」スクラップのかくれた意図は、幽霊船のようにみえはじめた「にほん丸」の舳へ「日の丸」だけを揚げる魂胆なのだろうか。ザハ・ハディド事務所を応募させなかったゼネコンの結束のおそるべき固さは、超高度の「ハイパー談合」システムが作動した結果としかいえまい。

あらためていまだに制御不能のままのフクシマ第一の「アンダー・コントロール」と開閉式大屋根（プレゼンテーションでは開閉している印象的映像がCGで映された）の「目玉施設《ショー・ピース》の開幕前完工を保証する」宰相A_2のブエノスアイレスでのオリンピック誘致成功の大演説は歴史的虚言になったと言わざるを得ない。トニー・ブレアの五輪ロンドン誘致成功は、競り合っていたパリの整備計画の国民的サポートと較べてはるかに劣勢であったロンドン案の経済的な保証をイギリス国家が行ったと受け取られたからだった。同じPR会社を雇い、プレゼンテーションの文案をつくらせ、演説コーチを受けた宰相A_2の演技がいまや語り草になってしまった。とはいえ、国家の首相が誘致を保証する発言を国際舞台で行ったこと、つまり「国際公約」したのであり、今回のザハ・ハディド事務所の応募見送り発言の海外報道でも「計画敷地内にある公共住宅居住者への高額な移転補償金、同様にスクラップにされたフクシマ第一制御にかかる途方もないコストに苦慮する日本政府の財政事情こそがザハ案を廃案に追い込んだ」とはいえ、「一九六四年の丹下健三のオリンピック・モニュメントが『小びと《ドウォーフ》』にみえる程の規格はずれの巨大さ」を日本の建築家たちが忌避したにちがいあるまいとするコメントもあるが、すくなくとも世界の建築・建設業界、スポーツ施設業界、デザイン業界、オリンピック・スポンサー業界は暴走ヘルメットが鈍亀に縮小し、さらに甲羅をはがれてもザハ・ハディドの対応を面白がって報道してきたからには、二〇二〇東京五輪のうごきに関心を寄せてきたと思える。だが「断念」のひと声で「日本」への期待感は下降した、というより消え去ることであろう。残された結果は見事に海外勢を排除した「日の丸」排外主義《ショービニズム》のラインナップである。国際コンペを三年前に行った前内閣が、その時点からこの落としどころを予定していたならば「陰謀」であるし、七月一五日からわずか二ヶ月間で「安保法制」「国立競技場」をともに「日の丸」排外主義《ショービニズム》一点にしぼり込む重層的決定を仕込んだテクノクラート官僚の偶有性操縦法が熟練してきた証拠ともみえる。とくに「国立競技場」プロポーザル公募〆切り前日まで世界メディアを期待させてきた演出は、「ハイパー談合」がきめ細かく計算されてきたことを物語る。そして、第二幕の登場人物は、外人部隊を排除した以外は変っていない。「デザイン・アンド・ビルド」とあらためて新方式をうたっているかにみえるけど、ゼネコンが競争入札なしで参入している点では、第一幕と「単価積み上げ《ランプ・サム》」方式は同じであり、来年初頭に一応の請負金額が契約書に記載されるとしても、これはさし当りの額であり、オープン・エンドなのである。つまり、公募要項に記載されているように、インフレ率が加算される。おそらく見積り落し、想定外事態の事実などふたたび工事費が鰻登り《スパイラリング》することを発注者テクノクラート官僚も、受注者ゼネコンも充分に承知のうえで技術提案（?）の審査へと事態は進行している。政治的（恣意的）決定だけが作動させる偶有性の構図は変っていない。完工時の総工事額は誰もつかめない。「安保法制」が採決されたあげくの戦争に「日本軍」が出動したときの戦費を誰も予測していないのと同様である。

偶有性《コンティンジェンシー》問題を軽くみてはいけない。「にほん丸」の「オール日本」への舵取りは、かつて、日本宰相が「国民党ごときは相手にせず」と語り、国家破綻をまねいた歴史的事態とそっくりである。この宰相はA級戦犯（クラスI）指名される早朝自死した。「日の丸」排外主義《ショービニズム》の目眩ましに逢ったのだった。

3

奇奇怪怪建築《ウィアード・アーキテクチュア》

二〇一五年一〇月

奇奇怪怪《ウィアード》

ザハ退場、設計施工一貫法式、そして「日本らしさ」。三年前の五輪誘致成功の頃の新国立競技場の建設目論みから読み取れた国際性、国家的アイコン、商業的イヴェント演出などの具現化が、一挙に反転し、ドメスティック、ロープロファイルでいいから、その場限りの応急処置で切り抜けようとする点では、想定外のツナミに出逢いメルトダウンしたフクシマ第一の廃炉プロセスへの後手後手対応に似てもいる。おかげで国際メディアの関心もなく、一〇月中旬段階では新しい報道コメントは見つからない。撤退をザハ・ハディドが発表したと同時に、ＲＩＢＡは彼女を今年度のゴールドメダリストにすると発表。ロンドン・ベースの事務所が「日の丸排外主義《ショーヴィニズム》」の犠牲になった過程の健闘をたたえ、列島の閉鎖性を皮肉っている。

現在進行中のプロポーザルではいかにもテクノクラート官僚が提案したらしく、技術提案を審査する。「周辺環境との調和や日本らしさ」が基本理念とされているから、ゼネコンが雇った建築家が「日本らしさ」の装飾をつけることが前提となっているらしい。ところで「日本らしさ」とは何か。それが“Japan-ness in Architecture”（Arata Isozaki,

2006, MIT Press）の和訳であるならば、「日本的なもの」がモノを指示しているのに対し、コトを含意させたいと翻訳者たちと相談したなかから生まれた訳語がJapan-nessであり、それをあらためて和語にすると「日本らしさ」となるのかもしれない。「日本」の歴史的建築を論評するにあたって、建築を建物《ビルディング》（モノ）と理解する西欧由来の思考ではなく、建築を出来事《イヴェント》（コト）とする方がより問題構制が明瞭になると考えたためであって、私自身は「日本らしさ」という表現を好んでいない。むかし、つげ義春が『ガロ』で発表した『ねじ式』でつかわれた式《システム》の用法の方が原意により近いと私は考えている。「わ」式《システム》といいたい。和様という古来の用法もあったではないか。

『建築における日本的なもの《Japan-ness in Architecture》』で私はイセ、東大寺、カツラ、日本近代の四つの時代のケーススタディをやった。外圧、内乱、受容、変形の四段階が反復的に進行し、まったく姿かたちが異なるが、独自性において「日本的」とみえる建造物《エディフィス》がうまれている。二〇世紀は西欧でうまれたモダニズム建築の「わ」様化が同じ過程を経て完了したと私は考える（昨年、金沢21世紀美術館においてポンピドゥー・センターがキュレーションした『ジャパン・アーキテクツ 1945–2010』展のために書かれた『「わ」空間の建築家』を含む『日本建築思想史』（磯崎新、横手義洋、太田出版）を参照していただきたい）。すなわち前世紀末に発生した「文化論的転回《カルチュラル・ターン》」とは、日本近代建築の「わ」様化過程に「切断」がおこり今世紀では都市開発へむかう流動する金融資本が文化的諸現象の前面に立ちあがり、経済的な不均衡が引き起こす諍いが、政治的決定を最優先事項にひきあげる。一九九五年がその区切り年になった。

おりから私は北京の中央美術学院（CAFA）が主催する「文化建筑在中国」（文化的実践——一九八〇年以来の中国文化建築）シンポジウムのキーノート報告を王澍《ワン・シュウ》と共に依頼された（二〇一五年一〇月二四日、於CAFA美術館内講堂）。中国美術学院（杭州）建築美術学院長をつとめる王澍は、江南（南方）の人であり、文人の好んだ水景との親和性をもつ建築作品で知られている。たいして私はこのシンポジウムの開かれる中央美術学院（北京）の美術館の設計者であり、中央政府のある北京（北方）側の文化を語らねばならぬ立場に当てられているらしい。そして主催者の代表范迪安《ファン・ディアン》は、この中央美術学院（CAFA）美術館の建設に関わる途中から中国美術館長に呼ばれ、新中国美術館の国際コンペを組織し、軌道に乗ったところでここに戻っている人である。つづいての登壇者のひとりCAFA美術館の現場のPMをやった谢小凡はこの中国美術館副館長となり、ここでもPMの役割を担っており、新しい中国美術館のほぼ最終案に近づきつつある現状の報告がなされる。

つまり、このシンポジウムのサブ・テーマである①国家的イメージとしての文化建築、②集合空間としての公共活動、③カルチュラル・スタディーズとしての建築教育のうち、国家的イメージの事例として政治的決定を待っているいまだに設計作業中の新中央美術館の、人脈的にもデザイン的にも先行例となっているCAFA美術館の設計者の立場からこの場の報告者に呼びだされたことは了解しているとはいえ八〇年代以降都市インフラと建築物建設は全世界から先行するデザインとエンジニアリングを呼び込むことに忙しく、とりわけ不動産事業の過熱により虫食いのように鬼城が発生し、あげくに大都市にタワーが乱立、それでも差異を誇ろうと超高層に異形の冠をのせ狂乱状態の中近東湾岸諸国に似たなまぬるい二流品タワーを全国に乱立させてしまう、その大開発ブームのなかで公共用地の民間への払い下げ過程で、前章でとりだした「ハイパー談合」にあたる官官・官民の贈収賄が定常化し、さらには三〇〇〇年以来の都市と農村の戸籍上の偏差が社会問題化する。都市のスカイライン形成そのものが文化的な矛盾とみえてきた。

　習近平は歴代主席として、はじめて曲阜の孔子廟を訪れたのち、毛沢東の延安文芸講話（一九四二）に似せて自らの文芸講話（二〇一四）を発表、その席で、——不要搞奇奇怪怪的建筑（奇怪な建築デザインはもういらない）と語る。海外メディアは奇奇怪怪を“weird”と訳し、講話では時に名指されはしなかったがその言葉が暗にしめしている建物はさしずめ海外から中国の文化建築のデザインに参入し、賛否両論の渦中にある北京のCCTV本社（レム・コールハース）や望京SOHO（ザハ・ハディド）であろうと推測する記事がでる

（二〇一四年一〇月一七日『ザ・ウォールストリート・ジャーナル』）。CGの熟練によってシュルリアルな映像が容易につくれるようになった海外の建築・デザイン界において、奇奇怪怪《ウィアード》建築はひとつの流行をみせるかもしれぬと予想もされ、あの暴走族ヘルメット型のザハ案も、同じカテゴリーであろうとみられていたわけだから、宗主国Aの御威光にあわせた政治的決定をやりつづけたとみえる宰相A_2の「ゼロ・ベース」決定は、実は習近平の奇奇怪怪《ウィアード》不要発言をそのまま実行したのであって、現中国指導部がトラもハエもたたくとする最も緊急課題である官僚の汚職撲滅運動の一環と連動したに過ぎず、ユネスコ記憶遺産や、東シナ海上で対立しており、まったく異なる政治的立場をとっているかにみえても、その対立する差異はいつの時代にもみられる口喧嘩のたぐいであって、ほとんど同じ舞台のうえで同じような（政治的）決定がなされているとみえなくもない。いずれもイメージの過剰がマネーを高騰《スパイラリング》させ、その配分が社会的・文化的格差をまねいたと語られている。メディアの憶測する元凶は両国ともに海外からの参入者である。

「①国家的イメージとしての文化建築」が主たる課題にとりだされ、これが習近平の奇奇怪怪《ウィアード》批判への解法をさがす問題提起であると理解すると、新国立競技場のプロポーザルの要項に「日本らしさ」が記された起案者の意向も同じにみえる。建築におけるナショナルなイメージが、政治的問題として決定事項にひきだされたとみるべきだろう。二〇世紀の中期に巻きもどすと論点の所在が明らかになる。私は「亜洲近代国家的标志（国徽・纪念碑・广场）」（アジア近代国家のエンブレム（国章（デザイン）・記念碑（建築）・広場（都市）））と題して、天安門広場の人民英雄記念碑と広島原爆慰霊碑のデザイン・ディレクションをやった梁思成《リャン・スーチョン》と丹下健三が一九四九年の時点で構想した国家的祭祀がそれぞれ国家的イメージをつくりだしたプロセスに焦点をしぼる報告を準備した。記念碑として天安門広場と平和記念公園に設置された実物は政治的決定過程で揉みくちゃになり、両建築家の作品としてはほとんど失敗作でもあるが、新中国建国宣言と、原爆によるひとつの都市の消滅とその再生というそれぞれの近代国家が二〇世紀中期にあらたに始まる歴史的な瞬間を記念する祭祀である。三〇年代にモダニズムを学びながら、第二次大戦末期には、それぞれ自国の歴史遺産を研究、一九四四年には『中国建築史』（梁思成）、『日本国民建築様式』（丹下健三、浜口隆一）の草稿を用意している。内戦、占領下であるため、ロシア的、アメリカ的な政治力学が働いていたとして、乱流を切り抜け得たのは、両者が「中華的」、「日本的」を方法として意図し石牌、家型埴輪を下敷きモデルにしてあったためである。近代国家が二〇世紀中期に再出発するときに、ナショナルな伝統的な形態がモデルとして作動した（報告は二部に分かれ、北京（一〇月）では国章（デザイン）と記念碑（建築）を、ついで上海同済大学（一二月）で広場（都市）を皇居前広場と天安門広場の比較をすることになっている）。

中国側の報告書も、現在の情況が文化論的転回《カルチュラル・ターン》のなされた後である点では認識は共通している。王澍と私は実作者であるから、文化・経済・政治を前景か後景かはときに異なるが、それらも重層した構図とみている。たいして研究者たちは文化・経済・政治を三角形の構図に収め、その関係性を説明する。「ナショナルなイメージ」を如何につくるか、が隠された主題であると理解すると、その主題を三角形構図のどこに位置づけるのか。文化論的にみればその主題は文化のコーナーに押しこまれる。カルチュラル・スタディーズと変りがない。いまもちあがってきた「ナショナルなイメージ」という主題は、これらの構図を貫通する程の強度を持つ。プロジェクトとして提示されねばならないからだ。さしあたり、この主題のはじまる実物としてのCAFA美術館のなかにいることでもあるし、私はその問題を前世紀の中期、中国と日本がひとつの始まりの礎石にした人民英雄記念碑（天安門広場）と原爆慰霊碑（広島平和記念公園）に送りかえすことにした。そしてもうひとつのサブ・テーマ「②集合空間としての公共活動」を近代国家の首都の形成の核になった天安門広場（北京）と皇居前広場（東京）の二〇世紀を通じての変遷の比較を事例として整理する。ここは去る九月三日の対日戦勝記念パレード、そして「プラットフォーム2020」構想など、アクチュアルな政治的空間である。

日本における新国立競技場の第二幕の起案者が思いついた「日本らしさ」と、中国の

「文化建築論シンポジウム」の起案者がサブ・テーマに組み込んだ「ナショナルなイメージ」がともに「ナショナルなもの」の回復が主題になっていることに注目すると、かつて世界大恐慌（一九二九）が収束した頃、一国社会主義、福祉社会主義などのイデオロギーを問わず、全世界の近代建築が同時に「ナショナルなもの」を目指して変身したあの一九三五年（丁度八〇年昔）の世界現象とそっくりである。経済的に混乱した挙句、国家単位で政治が文化を収奪したのだった。リーマン・ショック以降、文化・経済・政治は八〇年前と似た情況で相互関係を再編しつつあるようにみえる。今度は文化を中核に持ちあげたい。少なくとも私はそう考えている。

重層的決定

論理的推論で決めることができず、最後に内閣での政治的決定に持ち込むという今回新国立競技場の設計過程の迷走は、論理的推論だけが最終解を導くコンピュータによる演算だけでは現実《リアル》に施工可能なデザインは不可能だったという事実をはからずも証明する結果になった。ブエノスアイレスでの「五輪誘致」プレゼンテーションに使われた暴走族ヘルメット風とみられたザハ案のイメージは、敷地条件や周辺環境とはかかわりなく、コンピュータ・グラフィックのシステムによって生成されたものであり、構想ではあっても、具体的な設計図ではなかったことを誰もが知っており、とりわけ開閉式の屋根の作動するアニメーションは、IOC側の審査員たちへの充分な説得力をそなえてはいたが、想像されたものとしてのデジタルイメージは無重力上で生成されるものであるから、まだ建造物へ変換するには気の遠くなる程の手続きを経ねばならない。工学《エンジニアリング》の出番はその次である。

奇奇怪怪《ウィアード》なイメージも、CGの内部で生成されているからには、位相的にはヴァーチャルである。国家的キャンペーンがメディアの映像を介してなされるようになってから、そこで使われる映像《イメージ》が、リアル／アンリアル／ヴァーチャルの区別がつかず、とりわけ中国ではプロジェクトの政治的決定が映像（イメージ）を基準になされるからには、笑うに笑えないような誤読がなされる。先般の二〇〇八〇八〇八《パッパッパッ》北京五輪開会式においてあらかじめCG制作された蔡國強《ツァイ・グオチャン》の花火のシーンが、ライヴ放送に混ぜ合わされ、張芸謀《チャン・イーモウ》演出のマスゲームに際して、子供の歌手が「口パク」だったとすっぱ抜かれたりするが、すべてがヴァーチャルな映像《イメージ》で伝達されるから、あれはアンリアルだったのだと言い訳できる。しかしリアルでしかあり得ない実物建築であるCCTVの本社ビルは独特のシルエットをいま北京CBD地区で立ち上げた。現況はこのデザインの奇奇怪怪性がコンペ審査時に注目され選出されはしたが、実現される際のエンジニアリングの段階でコスト的にも技術的にも解決不能状態に陥り、表相《みかけ》だけのこして、全面的に修正させられてしまったことは建築関係者の間では周知の事実である。あの暴走族ヘルメット型スタジアムの屋根が開閉するアニメーションのシーンは北京五輪開会式の「花火」や「口パク」と同類であって、かつてベイトソンがナチの宣伝映画の深層心理への操作的な反復刺激を分析したとき程に手の込んだ仕組みはなく、近頃は頭を丸めてコミカル・パフォーマーの真似も演じたりするJOC会長M_1を含むヤンキー的ノリキャンペーンのスタートであったとみると、今日では重層的決定に加えて、実像《リアル》、非実像《アンリアル》、虚像《ヴァーチャル》の重複する位相的決定を加えねば事態を正確に判断できなくなったとみえる。

デザインされた映像《イメージ》を、工学的手続きを経て実施可能な設計図《コンストラクションドキュメント》につくりあげる。このときはじめて工事費《コスト》が確定する。建築物の場合、地区条例《ローカルコード》（建築基準法）や安全基準（消防法）のチェックもなされる。その全プロセスが設計というパフォーマンスである。その全過程をプロフェッショナルとして引き受ける（契約《コントラクト》する）のが建築家《アーキテクト》であると定義されてきた。さらに工事受注者としての建設会社が施工していく過程を現場で管理する。日本で建設工事を請負う「組」が近代化してゼネコンとなり、社会的に信用を獲得した過程は最初の稿で述べた。「デザイン&ビルド」システムまでをみずからの業務内容に取り込んでしまっていたから、ゼネラルコントラクター（一括請負契約者）と呼ばれていたわけであり、グローバリゼーション過程で国際的に「デザイン＆ビルド」が一般化したことは必ずしも列島の建設事情においては目新しい問題ではなく「談合禁止」によって崩されたかつてのゼネコンの築き上げた業務体制へと還流したに過ぎない。Ｍ＆Ａの時代になって業態はどうにでもなるが、デザイナー（構想）－エンジニア（設計）－そしてコンストラクション（施工）に加えて全作業を推進させるＰＭが進行を司り、さらに現場の実務を統括するＣＭが段取りするとしても、もはや建築家《アーキテクト》の据わる位置がない。これは設計施工分離がフリー・アーキテクトと自称した建築家たちにより課題とされていた頃から日本ゼネコンの独自性として有効だった。かつて独立して自営するにあたりアトリエ（工作室）と私の設計事務所に名付けたのは都市、建築を含め、デザインに作業を集約し、多種の設計コンサルタントと協力するやりかたを選んだに過ぎなかった。七〇年代に新日本建築家協会（初代会長・丹下健三）が再編されたとき参加しなかったのは、本来のアーキテクトは社会的な構想や戦略までを作成する（都市）デザインをやる職能なのだと考えていたためである。七〇年代に海外の仕事をはじめたときから「デザイン＆ビルド」のシステムのなかで仕事をやってきた。

今日ではあらゆるレベルでの戦略決定者がアーキテクトと呼ばれている。一〇〇年程昔、アーキテクチュアが「建築」と訳され制度化した漢字文化圏では「建築」はよりモノとしての建造物《ビルディング》を意味することになったのに対し、英語文化圏ではアーキテクトがより制度《システム》の創設や運用者であるテクノクラティックなコトとしての戦略決定者を指す用法に偏りはじめた。この用法の差異は、日本の古語ではモノとコトに精密に使い分けられていたのであって（前掲『「わ」空間の建築家』）、建築家をタイトルにしている実務者が、いま社会的に居場所がなくなったことにあらためて驚く筋合いはない。

政策的、都市規制的、建築デザイン的を問わず、プロジェクトにかかわるクライアント、デザイナー、エンジニア、コンストラクション・コントラクター、マネージャー、それぞれのタイトルを持つ関係者はいずれも個別の決定をする。昨夏「ザハ案」の扱いがメディアで大きく取り上げられたとき、的外れの意見が錯綜し、混乱に拍車をかけた。専門家としての決定者が後退し、プロジェクトの事情を知らない政治的決定に持ち込まれたためであった。加えて、五輪目当ての国立施設であるため、成り上がりものが気張るような排外主義的プライドが建設費を高騰させてしまった。

近代社会においては「計画」があらゆる領域のプロジェクトを推進させる牽引車の役をやった。このとき、設立された目標＝テロスにむかって、それぞれが共通の基準で決定を下すことになっていた。集団的に進行するバラバラの決定もいつかは正解としての目標に収斂する。とはいえ、二〇世紀中期までに最高権力者の単一の決定が独走をはじめ目標が簒奪される事例が続出して、政治的決定の構造的欠陥が問われはじめた。ルイ・アルチュセールが『矛盾と重層的決定』(一九六二)で疑義を提出したのはこのヘーゲルに由来する単一の正解へと導かれる世界認識の構図に対してだった。同様の疑義はドゥニ・オリエが『コンコルド奪取』(一九七二)でジョルジュ・バタイユがヘーゲル的構築物のモデルとされている「建築」を侵犯する思考を展開していたことに注目した「反建築論」にもみられる。一九六八年頃文化論としての建築的思考に大きい影響を与えることになったこれらの説を、今日から振り返ると、アルチュセールの構造主義的図式は、社会的にヒエラルキーを持つ「異なった中心を持つ円」の重なり合いとみていることから、カルチュラル・スタディーズ的な説明の構図に近いし、ドゥニ・オリエの「反建築論」はもともとバタイユに由来しているから、宗教的な聖性を精神の内部の折り畳まれた層《レイヤー》を掘り下げようとする点において、より私たち実作者の思考に近い。いずれもが「建築」をメタファとするヘーゲル的な透明で均質な構築物としての世界に亀裂をいれることを意図していた。

都市・建築デザイン領域においても透明で均質な社会的空間への疑義はうまれていた。六〇年代に提出された数々の提案、たとえばクリストファー・アレグザンダーの『パターン・ランゲージ』、ロバート・ベンチューリの『建築の複合と対立』の思考形式はともに

「建築」を言語論的に分析しながら、多元的決定へと方法を展開している。これらの諸論の分析から、曖昧性《アンビギュイティ》を取り出すことになった私のサーベイである『建築の解体』（一九七五）は、制度としての「建築」のみならず、思考の道具としての「建築」領域においても近代建築批判として進行することになった。かつての透明で均質な世界像に依拠していた近代建築の空間概念にたいして、曖昧な両義性が賞賛されはじめたといえるだろう。すなわちこの社会を未来にむけて牽引していた「計画《プランニング》」概念が失効することになったのだった。

目標を設定できなくなったとはいえ、現実の都市は膨張し、入口は増大する。流動性の都市開発へむかう金融資本だけが、開発、再開発に対処できることになった。そのときの資本の振る舞いは「投機《スペキュレーション》」。社会主義的な秩序をもつ統御ではなく都市不動産業においての資本主義的なランダムな競争であるから、経済変動の棒グラフにみえるような都市のスカイラインをつくりあげる。高さや量だけでなく、形態上での差異も競われる。建物のシルエットは個別にデザインがなされているので過剰《エクセス》になると奇奇怪怪建築《ウィアード・アーキテクチュア》も発生する。「重層的決定」「網目状決定」などとこれまで「決定」の制度的な型が多様に語られてはきたが、いまでは都市開発へとむかう流動資本が組み立てる市場であるから、この「投機」のあげくの凹凸の都市スカイラインは「偶有的決定」の集積と呼ぶのが適切だと思われる。

冗長性《リダンダンシー》

二〇〇一年九月一一日ウォール街を睥睨していたWTCツインタワーがジェット旅客機の自爆攻撃により崩落、それを同年三月にバーミヤン石窟大仏浮彫がそぎ落とされ、さらに牛一〇〇頭の殺戮が行われていたことにつなぐと、世紀のあらたまったこの年に、あらためてジハードが宣言され、大仏、犠牲牛、ツインタワーの破壊は、それを世界に（同時にアッラーに）伝える一連の儀式であったと考えられる。供犠されたとみえる牛は食肉用に世界中で屠殺されているから、一〇〇頭という「数」は相手方へさほどのインパクトは与えなかったかもしれない。WTCと大仏は抜きん出て巨大な「量」であった。かつて私はあの大仏の頭頂に裏階段をつたって昇ったことがある。その旅のつづきでマンハッタンを訪れ、完成したばかりのツインタワー南棟最上階のレストランに座り、ウォール街に流れる霧を見下ろした。二一世紀のはじまりの年、テレビで夜九時のニュースがライヴに切り替わり、南棟が崩壊をはじめる。ガラスを破って人影が空中に泳ぐありさまをみて、バーミヤン大仏の滑り落ちそうな、丸くなった頭のうえの不安定感がよみがえった。人工物の高い位置に立っていたのだった。ヒロシマのグラウンド・ゼロには何度も立った。岡本太郎の広島訪問記を読むと、みずからの身体があの「爆発」で消滅する気分に襲われたに違いないと思える。『引き裂かれた顔』のシリーズは、供犠された本人の自画像である。「芸術は爆発だ」とコミカルに語ったとき、テレビを介して、「ヒロシマを想いかえせ！」とメッセージを送っていたのだ。南棟の崩落ライヴ映像で私が感じたのは、足元が崩れていく落下の感覚だった。マントヴァの「パラッツォ・デル・テ」の『巨人の間』でジュリオ・ロマーノがカルロス五世にみせたかったのは全身体が巨石の下敷きになるような感覚に包み込まれることで、この図面の壁から天井までをひとつながりの壁画空間はシスティーナ礼拝堂のような絵解きと違い、近頃はやりの３Ｄ映画以上の迫真力に満ちている。南棟の窓を破って宙を泳ぐ人影は、ヒロシマともマントヴァとも違う別種の崩壊感覚だった。足が地についているときの安心感がバラバラにほどかれた。安定性が失われる。人工物としての大仏、構築物としてのＷＴＣ、その最上階に立ったときの感覚がよみがえってくる。身体を支持し安定感を与えてくれていた台が崩壊したのだった。

ツインタワーが崩落したとき、建築構造の専門家の間で冗長性《リダンダンシー》が語られはじめた。たとえば同じ自爆攻撃を受けたペンタゴンの被災者は発表によると極少数である。あの構造体が全壊せずに自立していたなら、同数程度の死者数だったかも知れない。何故地上階が残らず崩落してしまったのか。自爆機がタワーを貫通しても全壊しなければ……と怨み事のように数々の仮定の説が飛び交った。構造的には、ツインタワーはジェット機の横からの衝撃には耐えていたのだ。だがジェット機燃料が満杯状態であった。鉄骨は構造体としては火力に弱い。構造支持体が溶けたのだ。その熱が先に炎上していた北棟に及び、両棟がともに崩壊した。冗長性《リダンダンシー》とは構造計算をやる段階では余力といわれている。予想以上の負荷があっても構造的に耐力を持たせるという鉄やRCの近代工法がうまれた頃の理論的な知恵であった。構造形式として、WTCは、徹底的に合理化された平面であり、構法をもっていたので、そのデザインは合理主義的機能主義を原理にした近代建築デザインの正解でもあった。だからジェット機衝突の衝撃にも耐えていた。だが大量の発火した燃料の熱が命取りになる。冗長性《リダンダンシー》が想定内では確保されても、事故は発生する。この事件に比較すると、諸報道でみる限りではフクシマ第一は設計の人的ミスであろうと思える。地震や津波の対策がとられていたのに、その予測量を間違えたのである。

冗長性《リダンダンシー》の決定構造が重力場の遍在性に基づくように、偶有的《コンティンジェント》である決定も、超越的な上位の審級が必要となる。近代社会においては、「計画」がその方向づけにされていた。国家、家族、社会、都市、などすべての大型プロジェクトは「計画」が前提とされていた。都市のデザインにおいては、それがマーケット・オリエンテッドな流動資本の動きに従い、

「投機」に置換された。中国の都市政策では一九七八年の「改革解放」から一九九二年の「一国二制度」までが両者の移行期で、現代は二〇〇八年の「リーマン・ショック」対策としてのインフラへの集中投資とその国外への拡張「一帯一路」という具合に政策が明瞭に示されているので、官民両側の決定がその政策に制御されており、分かりやすくみえるが、都市の政策、具体的には構想レベルで投機的競争が激しくなり、これが書記、市長レベルの出世にかかわるので容易にバブル化し、いたるところに鬼城が発生しはじめてもいる。いっぽう民間による建築物や地区開発はマーケット依存である点は資本主義国と同様で、相変わらず不確定で恣意的であり、ブレ幅が大きい。スカイラインが世界の大都市において一様に等しくみえるのは、安定性を保持する「市場」の機構と似たかたちで政治的決定が積み重ねられているためである。高さや容量だけが地区規制の枠内で競われており、不均等ではあるがやはり均質にみえるのは偶有性操縦法とでも呼びたい自動的に均衡へと収斂する機構が作動していると思われる。

国立競技場の昨夏の迷走がうみだした「日本らしさ」の言説、さらに中国においての奇奇怪怪建築批判が「ナショナル・イメージ」の再論へとむかうと、それは諸決定の超越的審級として作動するから、いずれもが排外主義《ショーヴィニズム》のトラップへ陥る危険性をはらんでいる。目下のところ、これを制御する切り札に持ちだされているのは、世界中いずれの地区も環境との親和性ぐらいであるが、これらの言説も、お国柄をご当地柄に切り替えるレベルで新味に乏しい。

いずれもかつてたどった道である。いきつく先が鎖国であることも歴史が教えてくれている。世界から最先端のアイディアを招き入れ、それをあらためて世界へと発信すると聞かされていた三年前の意気込みはどうなったのだろう。国立競技場第二幕の進行状態をみていると、敗戦処理をこそやっている風にみえる。あらためて世界からの注目や関心を集めるには、どうしたらいいのか？

4

「魔女狩り」

――二〇一五年一一月

フラッシュバック――一九三五年

一一月中旬に国立競技場「設計施工一貫」方式プロポーザルには二つのコンソーシアムが応募して案を提出したと報道されてはいるが、その内容は未だ公開されていない。契約が完了し、二〇一六年一月中旬に着工に持ち込まれるまでの手続きに雑音が入らぬため、万全の注意がはらわれている有様は、内閣府がテロ対策や領有権や関税など当面の継争事態対策をマル秘で進めるのと同じ取扱いである。巷間ではザハ退場で一件落着の気分、話題にもならない。早々と国立競技場問題はポスト・フェストゥム段階にはいったとみえ、おかげで海外メディアには何のコメントもみつからない。替わりにおそらく自らがサッカー場で標的にされたと感じたフランス大統領が「戦争状態だ」とつぶやき、内閣もそれぞれ例外的措置に走りはじめる。さまざまなテロ事件が連続して発生し世界中のメディアを駆け巡り、小さい街中の集会も禁止されているところをみると、果たしてオリンピックのような国際大会が安全に開催できるのか、と語られていたとしてもどの立場からも二〇一五年の冬段階では回答ができない。「五輪」のみならず、国際的なイヴェントが果たして成立するのか。すべて疑問符付きで語られる有様になっている。きな臭くなった。

この世界状況は、紀元二六〇〇年記念祝典を国家総動員体制で準備していた一九三五年頃の列島の情勢を思い起こさせる。

年表から当時の「五輪」「万博」の世界的な準備情況を整理しておく。一九三六年オリンピックベルリン大会（レニ・リーフェンシュタール『民族の祭典』）、一九三七年パリ万国博（ドイツ館（シュペアー）、ソヴィエト・ロシア館（イオファン）、日本館（坂倉準三）、スペイン館（ホセ・ルイ・セルト）、このなかにピカソの『ゲルニカ』が展示された）のそれぞれが予定されており、日本は選手団の選考をすすめ、展示館の設計案の制作を準備していた。そのうえで、日本神話紀元で二六〇〇年にあたる一九四〇年に、「五輪」「万博」を国家的祝典と併催する企画をつくり、国際的な機関の誘致認可もとり、一挙に東京の中心部での開催計画を練っていた。これらの文化的催事が準備されるなかで、日独伊三国同盟諸国がそろって、第二次世界大戦のきっかけになるような周辺諸国への侵攻を開始したため、国際関係が不安定となり、現代史上もっとも野心的であった二つの国際大会を国家的祭典と同時に催すという二六〇〇年記念祝祭計画は中止されてしまった。規模を圧縮した奉賀祝典だけが皇居前広場で催された（一九四〇年七月一〇―一四日）。「五輪」東京大会（一九六四）、大阪「万博」（EXPO '70）はこの中止された一九四〇年大会のリベンジであった。国際的文化催事が注目され、いずれ異変へと急転する兆候がみえはじめた点においても、二〇一五年は一九三五年を想起させる。一九二九年の世界大恐慌のあと、各国は社会体制の改変を迫られ、一国社会主義、福祉社会主義と再編が進んだ。今世紀になってからサブ・プライム・ローンに端を発したマネーの過剰流動のあげくの二〇〇八年のリーマンショックはかつての世界大恐慌を想わせる程の混乱をみせたが、各国中央政府が事件の元凶でもあった大銀行を公的資金の投入によって救済したことによって、当面の危機を切り抜ける。スポーツ大会、メッセ、アートフェア、など「五輪・万博」絡みの国際的催事とメディアキャンペーンが繰りひろげられ、世界規模の経済的な危機の収束に、一〇年程の未来がターゲットにされている点もよく似ている。一九四〇年と二〇二〇年である。現在がその中間地点となる。とすれば、「五輪返上」をいうのはまだ早い。一九三五年段階ではオリンピック選手団が国を挙げて編成されつつあった（後に列島の都市政策の要となる都市工学科名誉教授高山英華は、サッカー日本代表に選ばれたが、ベルリンに行くと徴兵免除されないことを理由に断っている）。一九四〇年東京大会はギリギリまで準備はつづけた（『文芸春秋』一九三八年四月号付録"Japan To-day"には藤田嗣治の「パブロ・ピカソへの手紙」とともに、下村海南「日本は一九四〇年オリンピック開催にむけて準備中」が載っている）。間違った戦争といまでは語られているヴェトナム戦争へのアメリカの介入は明らかな失敗とみられていたにもかかわらずニクソン大統領がウォーターゲート事件で失脚しサイゴンが完全に占領されるまで、人員と戦員が消耗されつづけた。この例に喩えるならば、宰相A_2が直接ブエノスアイレスまで出向して誘致した二〇二〇東京オリンピック・パラリンピックは、A_2内閣が存続する間は準備がつづくのであろう。一点だけ異なっている。そのとき発生しつつあった戦争の型である。かつての戦争は、主権国家間であったがいまでは逆に同盟を組んで姿のみえない敵と国境を越えて戦争をやっている。九・一一の報復に、ヘリコプターで国境を越えた暗殺隊が、ウサマ・ビンラディンの死体を海中に投下する。風水論的には不吉な地形をしていたこの隠れ家がヘリコプターで襲われたときの秘密作戦が映画化される際の主題はセキュリティ破りであった。物理的城砦は無効となっており情報インテリジェンス網がターゲットを洗い出す過程がサスペンスを狩りたてる。そして、パリ中心部で発生した無差別テロ。仏内閣があらためて口をそろえて戦争状態と語り、主権国家群をIS空爆作戦に引き込んでいる有様は、今世紀になって戦争の形態が完全に変質したことを示している。すなわち大型催事のセキュリティ問題が都市的社会的集会の是非に立ちかえる基本から問いなおされることになるだろう。かつては国家間戦争が「五輪・万博」を中止させた。いまは、対テロ戦争が治安対策に難問を突きつけている。

近過去へフラッシュバックする。二〇一三年暮、東京大学の Advanced Design Studies（T_ADS）は、八〇歳を超えた老人建築家、槇文彦×磯崎新×原広司を招いて、「これからの建築理論」と題されたトークを開催した（司会、隈研吾）。この年の夏、槇文彦は、『新国立競技場を神宮外苑の歴史的文脈の中で考える』（JIA MAGAZINE 二九五号）を発表し、オリンピック誘致プレゼンテーションの目玉商品として選ばれた「ザハ案」への疑義を提出しており、これに基づいて、建築学会、新日本建築家協会などで抗議文が発表され、新国立競技場「ザハ案」がメディア上で社会問題化しはじめた時期であった。そのときの記録の一部分を抜粋しておく。

千葉学　あらためて槇先生におうかがいしたいのは、国立競技場の問題です。都市自体が複雑系になったなかで、いまなされている議論は非常に古典的な都市の文脈、都市の中での建築のありかたの延長上にあるとみえます。いまあらためて、そういうことを議論する価値があるのかどうか。

槇文彦　我々の異議申し立てに対し、多くの方の賛同がありました。そのマグニチュードの大きさは自分にとって、あるいは一緒にやってくれている人にとってもこれまで経験したことがないことだったんですね。（略）いままで経験しなかったようなことが、この数か月間まわりに起きています。結果がどうであろうと、そういう経験が持てた。それから多くの人が建築とは何だということを考えるようになった。それはコンテクストの話でもあるし、維持に関する問題でもあるし。そういうことを実感しています。ただ一つ言えることは、現在進行中の案をそのまま日本が実現すれば、それは世紀の暴挙になるということです。

磯崎新　もともと僕はあの場所にオリンピック施設をつくることの、プランそのものが問題だと思っています。それが一つ。それからオリンピックというものは都市がやるべきものなのに、国が口出ししていることがもう一つ問題だと。この二つのために、あそこにオリンピック施設をつくることに反対しています。（略）

もし、このままでやるとなったときには、いまの世界情勢で治安の問題とかを考えるならば、戒厳令状態に置かない限りオリンピックの開催というものがうまくいかないだろうと思います。北京でさえ、ほぼ戒厳令状態ですよ。しかも北京では、もっと奥の方に追いやっていた。だけど東京はど真ん中じゃないですか。たとえばミュンヘンでは、実際に事件が起ったわけです。（略）湾岸で全部まとめてやるなら別に反対しません。だけど、国立でやることが僕はおかしいと思う。

（「T_ADS TEXTS 01」東京大学出版会、五四―五六頁）

ＪＳＣが発表した国際コンペの公募基準を私の事務所は充たしてはいたし、一九九二年のバルセロナ大会の中核となるモンジュイックのスポーツ施設マスタープランコンペ、つづくパラウ・サン・ジョルディの設計の経験もあるが、敢えて応募しなかった。審査員のひとり故Sから体調の悪化を秘めながら選考結果などを直接手渡され説明を受けたとき、構想段階としての手続きは国際コンペとしては反対する理由もなく旧知のザハ・ハディドの案が残されたことに賛意を表したので、夏以降の論議にはノーコメントをとおしてきた。司会者にうながされたあげくの「新国立」問題についての発言である。不明瞭ないいまわしなので、私がここでいいたかったことを整理する。

①オリンピックは都市が受け皿になるとIOCで決めてあるから、国が口出しする必要はない。国立競技場をオリンピックに使用する根拠はない。

②槇文彦が指摘するようにコンペで選ばれた現行の案のプログラムが過剰であって神宮外苑の都市的環境的文脈には不適合である。周辺環境に適切なプログラムに再編して改案すべきである。

③よかれ、あしかれ、「ザハ案」は国際コンペで選ばれ、そのイメージは本部に報告され、ブエノスアイレスでのプレゼンテーションに使われた。つまり東京「五輪」の主会場にすることを日本国が国際公約した。国際コンペで選ばれたという事実は最優先事項である。

さらにシンポジウムでは次のように語られていた。

磯崎新　福島の汚染水は三キロの範囲でブロックしている。この台詞と一緒ですよ。
槇文彦　全くそうなんだ。もう一つ非常に不思議だったのは、この国際コンペによって「監修者」を選ぶ。いままではどの国際コンペでも最優秀者は「設計者」であるというものが「監修者」という言葉に置き換えられた。じゃあ初めて国際的に監修者の責任と権利の限界をちゃんと言ったかというと言っていない。（略）そういうところから言って、実に杜撰なコンペであったと。いったい誰がこれを書いたのか、まあ僕たちは別に魔女狩りをやっているわけではないので、ここで議論する必要はないのですが、そういうようなですね……。
磯崎新　それは、「特定秘密」じゃないとしたら、もうバラしてもらわないといけないですね（笑）。（同、五七頁）

槇文彦は国立競技場問題の火つけ役ではあった。ここでの発言をみてもわかるように、冷静な判断のもと事態を客観的に説明している。それでも「魔女狩りをやっているわけではないので」といわざるを得ない程に、世間は槇文彦の発言を契機として「ザハ案」攻撃が始まっていたのだった。この発言のあったシンポジウムの二年後にあたる現在、事件の結末は「ゼロ・ベース」ついで「ザハ退場」で熱狂が瞬時に冷却してポスト・フェストゥム状態にあることは誰もが知っているが、列島の建築界においては久しぶりに社会的関心をあつめた論争が「五輪」東京誘致成功とともにはじまっていたのだった。この時点で第二章で喩にした『帝国の陰謀』（蓮實重彦）が語る種類の策略が「陰謀」と呼ばれるならば既にＪＳＣが国立競技場建設のために文科省系の機関として設置され、国際コンペのプログラムを編成したときに、この種の陰謀が始まったとみていいし、段階的に整理した決定の構図においてはクラスＩの$M_1A_1S_1$が深くかかわっていたことは、今年になっての事件の報道から推量できるが、コンペ要項としてのプログラム制作には、おそらくＪＳＣ／ＪＯＣの委員会に名を連ね五輪利権関係者らしき面々が裏面でかかわり、槇文彦が「誰がどういうプログラムで、あの場所にああいう、我々にいわせると巨大複合施設をつくろうとしたのか」と疑念を示すプログラムが制作されていたわけだ。そのプログラムへの解答として「ザハ案」が選ばれたとしても、まだこの時期には公式の「五輪・パラリンピック組織委員会」は編成されようとしながらも、その委員長は決められていない。いや五輪開催も「権力」とみて、クラスＩのM_1が噂されてはいても、まずは誘致成功の第一人者となった前都知事を退場させる策略がとられたらしく、辞任、都知事再選挙が段取りされていく、そんな事態での「ザハ案」論争であったし、槇文彦が嘆くように「ザハ案」はさながら魔女狩りに出逢ったかにみえはじめていたのだった。発言を求められた私は、まるで踏み絵みたいだなと思いながら、コンペ参加の要請を受けながら敢えて参加しなかった理由を説明する（『21世紀型オリンピックのための博多湾モデル』、『10＋1』二〇〇六年、第四三号）。東京と福岡が二〇一六年オリンピック誘致立候補を競ったとき、国内投票を待たずに福岡案が潰されたとき、あれが今回の陰謀のはじまりだった。スタジアムは不用、スタジオでいい、巨大オーシャンライナーを世界中から呼んで博多湾にインスタントシティをつくる、東シナ海沿岸都市と連繋して予選会場をつくる。……いくつかのアイディアをまとめている最中に、元宰相M_1がＪＯＣの使者として福岡を訪れ、最終的な両市の評価基準が伝達された。案の良否は評価基準にしない。市の年間の予算の規模で決める。東京は福岡と比較し、人口も予算も一〇倍である。出来コンペというしかない。

案のデザインやコンセプトはどうでもいい。用意できるカネ次第で日本代表を選ぶというわけだ。「ザハ案」の取り扱われかたも、そっくりではないか。

フラッシュバック――一九七〇年

大阪万博EXPO'70の準備、新宿ターミナル占拠など、一連の社会的熱狂が列島を覆いはじめた六〇年代末、二件の国立大型公共建築コンペが催された。最高裁判所（一九六八）と箱根国際観光センターという名称ではあるが国立の国際会議場（一九六九）である。前者の審査会は坂倉準三が、後者は前川国男がそれぞれ委員長としてリードした。設計施工分離を主張し続けてきた民間側の建築家であった。両者ともル・コルビュジェに学んだ。師の案が一九二七年の国際連盟本部のコンペにファイナリストに選出され、ほぼ当確と予想されながら、土壇場で保守的なボザール案に決まったことに怒り、抗議キャンペーンを繰りひろげたことを情報として極東で学び、その直後にアトリエに入所している。大型コンペに敗北しつづけたル・コルビュジェのかなり唯我独尊的な守旧派攻撃を建築家のミッションと理解したことは、帰国後の東京国立博物館コンペへの「敗ければ賊軍」（前川国男）の名言や、坂倉準三のアジア主義を標榜したスメラ学会への接近などから問うことができるが、戦後になって両名が建築家の職能確立として取り組んだのは、かつて師が敵とみたてた、フランス・ボザールが自国内でつくりあげたアーティスト＝アーキテクト系の制度をＲＩＢＡ、ＡＩＡ系と合体させたＵＩＡの方式であった。槇文彦が「「設計者《アーキテクト》」でなく「監修者《コンサルタント》」になった」と批判しているときの「設計者《アーキテクト》」はおおむねこのＵＩＡの基準に従っている。

六〇年代末の二つの国立施設コンペの結末は、建築家の職能確立というミッションをいだいて審査委員長をやった坂倉準三、前川国男両者にとっては敗北であった。もっともそうあって欲しくないと願っていたゼネコン設計部の制作した案が当選した。最高裁建物は皇居堀端に国会議事堂に並んで完成している。箱根国際観光センター（国際会議場）は運輸省（国）が地元神奈川県に実施主体をうつし、費用負担を求めた過程で建設計画そのものが断念された。取扱い部局が大蔵省系と運輸省系であったためか、国立施設が地方自治体に分担金を要請する時点でプロジェクトそのものが社会問題化する。昨夏の「ゼロ・ベース」差し戻し事件には、先例があったのだ。

ともあれ、設計施工分離をミッションと考えている主導的建築家が審査した結果、設計施工一貫方式をすすめてきたゼネコン設計部案が両方のケースで勝利したのである。名目的な妥協案として、担当建築家は独立した民間事務所を設立、その建設工事は、競争入札に基づくとはいえ、出身母体であるゼネコンが勝者となる（『私の考え　設計施工の分離と箱根国際観光センター競技設計に関連して』前川国男、『新建築』一九六九年一〇月号）。

一九八五年に催された第二国立劇場コンペは国立の大型施設が国際コンペになった最初のケースであった。このときもやはりゼネコンの勝利となる。二等賞以下に海外勢が名をつらねたが、実現されたのは予定されたかのようなデザイン的に目立たない日本のしかもゼネコン設計部案であった。前川国男は箱根コンペの審査会場から、「何ともやりきれない気持ちで、二人とも仏頂面をして、黙りこくって車を走らせていた」(『追悼　白井さんと枝垂桜』一九八四年二月)。白井晟一の追悼文に「日本の闇を見据える同行者はもはやいない」と書いている。一五年余り過ぎても事態は変わっていないことを知っていた。前川国男は建築家を近代的なプロフェッションの社会制度として日本に定着させることをミッションにしていた。連続的に挫折をしながら最後にまったく異なる立場にいるが、ひとつの信念を抱きつづけた白井晟一が同伴者だと思えていたと語りたかったと思われる。私の知る白井晟一はアーティスト＝アーキテクトとしての孤塁を守っていた。建築は組織や制度を変えてもデザインできるものではない。むしろ文化的な「好み」を介して徹底的に現場に立ちエンジニアやコントラクターを人格的に駆使する。反近代的、反社会的であってもそこから現場を押し切るだけの信念があればいい。近代社会において無手勝流を押し通していた人でもあった。だからアーティストとして「日本の闇」を見透す眼を持っていた。前川国男は自らの資質に欠けたこの頑迷ともみえる白井晟一の存在を愛していたのだと思われる。

前川国男は方法的にテクノクラート＝アーキテクトの典型である。対極的にみえる白井晟一は、根っからアーティスト＝アーキテクトである。当然ながら両者の建築家像は正反対である。大阪万博の設計チームに組み込まれていた私は、反万博をいう友人たちから政治的にその賛否を迫られていた。設計方法上でも私は矛盾をかかえこむことになった。股裂き状態になりながら何とか仕事をこなせていたのは、会場設計はテクノクラート的に、建築的デザインはアーティスト的に対処したためである。こんな具合に迷っていたさなかに白井晟一の仕事を見出して、ひそかにそのやり方をモデルにした。『凍結した時間のさなかに裸形の観念とむかい合いながら一瞬の選択に全存在を賭けることによって組み立てられた《晟一好み》の成立と現代建築のなかでのマニエリスト的発想の意味』（『新建築』一九六八年二月号）を書いた。建築家本人とはほとんど面識もなく、出来上がった建築物をみながらの推量だけでしかないこのタイトルを、そのまま私のデザイン決定の方法にしたいと考えていたのだった。テクノクラート的な方法ではすべて外部との関係のなかで決定がなされる。それが社会的に仕事をこなす建築家の基本である。たいして私が白井晟一の仕事に見出したのは、いっさいを宙吊り状態にしたなかで、自らの内部に向けて判断（決定）していることで、近代社会が建築デザインの評価基準にした合理性とは無縁の茶道に使われる〈好み〉の用法に近い。鬱屈したかにみえる頑固な信念がこれを支えている。後に私は自動生成するシステム（テクノクラート的）を身体的介入により切断（アーティスト的）する『手法論』（一九七二）を個人的な方法とすることにしたが、その契機は〈晟一好み〉をみつけたことにあった。

最高裁判所、箱根の国際会議場など国立の大型公共施設のコンペが催されるなかで、設計施工分離をいう建築家が、設計施工一貫方式をいうゼネコンと法的に建築家制度にかかわる案件で火花を散らしたのが超大型イヴェントの大阪万博が終盤にかかる時期と重なっていたことに、今回のオリンピック目玉商品《ショー・ピース》としての国立競技場の設計段階での大混乱状況を比較してみたい。「ザハ案」は構想設計、基本設計、実施設計の三段階を年度単位でこなしてきた。デザイナー／エンジニア／コンサルタントの関係が入り組んでみえたとしても、公共施設発注としての設計・施工分離の建前は通されている。前川国男が白井晟一とともに嘆いた「日本の闇」はより深くなったようにはみえるが、制度として設計者の立場は形式的（法制的）には保護されている。だが積算の結果、反故にされた。変転していった見積もり金額をコントロールできなかったためである。プロジェクトマネージング能力の不足が指摘されている（第三者委員会）。

列島の事情を振り返ってみると、一九七〇年段階で、プロフェッショナルなＰＭなど存在しなかった。企画段階（含設計）のマネージングはテクノクラート官僚がこなしていた。施工現場はゼネコンから派遣されたスタッフが担当していた。「談合」はプロジェクト進行の際に発生する軋轢をファシリテートする知恵であった。日米建設協議のあげく、アメリカが最後にだした切り札で「談合禁止」となり、プロジェクト進行がマネタリー基準となってからは、ＰＭが職業化した。国際的には九〇年代になってのことである。列島では公共事業においては一括請負システムが消えたので、ゼネコンはかつて社会的信用の手がかりであった自前のプロジェクト全体のマネージングに責任を持たなくてもよくなった。放棄したといっていい。自立したプロフェッショナルは育っていない。バブル崩壊後の粗大ゴミ化した不良債権の大部分は、ＰＭが欠けていたためでもあった。

「ザハ案」の混乱過程を検証した第三者委員会報告は決定責任者の隠蔽工作としかみえないが、ＰＭ不在を指摘したことだけは正論である。とはいっても、いったん放棄したはずの設計施工一貫方式を緊急事態に対処する名目で復活するための理由づけに持ち込む魂胆が透けてみえる。「談合禁止」以前にゼネコンが信用度を賭けて身につけていたＰＭ能力にあらためて頼るわけだ。公共事業の発受注の透明化が国際化を名目に語られたあげくに、制度的に設計施工分離がなされたはずなのに、昨夏のドタバタ劇は、一気に事態をロールバックして設計施工一貫方式に逆戻りしたのであった。前川国男のいう「日本の闇」は深さを増している。

商業化するオリンピック

槇文彦がいいたかったのは「杜撰なコンペ」の取り扱いと、このコンペの要項としてのプログラムの起案者についてだったと思われる。ところが建築界の議論は開閉式大屋根をかぶせた暴走族的ヘルメットを思わせる「ザハ案」のイメージを独走させ、あげくに外国勢の撤退に持ち込んでしまう。標的にされたザハ・ハディドはあたかも魔女狩りにあったかのようになってしまった。私は審査委員長A_1と同じ立場に立ったこともあったし（CCTV本社コンペ、二〇〇三）、規模ははるかに小さいが、それでも文化的には国家的重要プロジェクトにおいて、今回のザハ・ハディドと同じ立場になったこともある（ウフィッツィのロッジァ、一九九八、『磯崎新建築論集』第八巻「ウフィッツィ」）。だから、私は同情している。パラウ・サン・ジョルディ（一九九二年バルセロナオリンピックの主体育館）のケースでは、情況の変化に対応して、コンペ段階のイメージを捨てて新しい技術的提案に切り換えて実現した。設計を煮詰める過程でオリンピックの後利用のため多目的化させて、今日でも巨大催事空間として使われ続けている（IOCがサスティナビリティを語るときのモデル施設になった）。巨大な内部空間をつくること、そこで多種の催事を行うアイディアは、おそらくバルセロナ大会（一九九二）の準備期間中の、施設を整備する都市側からの独自の提案であった。その前回のソウル大会（一九八八）の主会場施設は金壽根の設計であったが、このときは東京大会（一九六四）に似て韓国が国家をあげて準備した。これにたいして、バルセロナ大会は異なったスタンスだった。勿論、都市全体を更新させる契機にすることが隠れた目標であり、これを市長パスクアル・マラグワイ、都市計画部長オリオール・ボヒガスが牽引していた。このときの公共予算だけで準備をせざるを得なかった小規模都市の財政的困難の経験から、ＩＯＣ会長サラマンチの方針で広告収入を大会の運営に加算する方式が徐々に組み立てられる。あげくにアトランタ大会（一九九六）は民間資金だけで運営された。メディア放映権、広告収入など、商業的財源にたよる大会運営方式がうまれた。商業的利権が公共的と考えられていたオリンピック事業に導入されたわけであるから、当然のことながらバブル化する。ひとつの都市では賄いきれず国家が補償することにせざるを得ない。ブレア首相の演説によって、投票前には優勢であったパリを覆して二〇一二大会をロンドンが誘致獲得した。リーマンショックの際、大企業、大銀行に税金が投入されたことの是非が議論されたが、首相の演説は同じ構図である。同時にオリンピック誘致合戦を切り抜ける戦略に目玉施設のイメージが使われる。実現していなくとも建設が約束されればいい。一国の宰相の投票現場に赴いた演説が、その実現を担保する役割を担わされている。メディア放送権、会場内広告権、認定飲料水指定権など、数々の商品が取り扱われる場にオリンピック会場がなった。架空の場がひとつの取引市場になり、それを国家が補償する、という構図が成立したのだった。それでも北京大会（二〇〇八）は国家が威信を賭けた。イギリスは株式市場、美術市場、更には国際化してしまった建築デザイン市場などを足元にかかえているので、ロンドン大会（二〇一二）はメディアを介して巧みにコントロールするだけの経験を持っていた。プライド（ギリシャ）、国威（中国）などに偏向せずに施設は仮設を多用し、オリンピック閉会後の転用（サスティナビリティ）までを巧みに配慮してバランスをとった。これらの先例と比較すると、「ザハ案」が熱狂的に支持されていたのは、ギリシャ、中国などのベルリン大会以来の主権国家のナショナルな熱狂に結びつける二〇世紀型のイメージで、これに前世紀末以降、都市開発流動資本が要請する卓越的アイコン性が加味された新奇性、巨大性が賞賛されたためである。たいして、「歴史的文脈」と「環境」との親和性の欠如を批判した側は、英国がみせたサスティナブルであることを優先するため魅力のない仮設案をよしとした。ともあれ、東京はサンパウロに二〇〇九年の誘致合戦で敗れている。そのときの東京案の制作者はクラスIの$M_1A_1S_1$で、リベンジのイメージ戦略の主軸に選ばれたのが、「ザハ案」だったのだ。「サスティナブル」・「BRICs」で敗れたのならば、次は「ウィアード」か。新奇性だけを差異算出の基準にしていた前世紀末の開発資本の判断基準がいま頃になっても作動していた。そこでは場所の文脈や環境との整合性などの判断基準は無視され、メディアに流れるアイコン性だけが突出させられた。

二〇一四年三月末日基本設計が完了した。発表された修正案をみて設計体制に間違いがあるのではないかと私は思う。ネットに流れる情報では判断できないので、直接に図面をみて判断したいと考えて展覧会会場（「ザハ・ハディド」展、東京オペラシティアートギャラリー）へ行った。担当者から説明を受け、ザハ本人が来日できないと聞き、ザハ・ハディド事務所のデザインディレクターのパトリック・シューマッハとヨーロッパで会い、この設計事務所のこのプロジェクトへの対応スタンスを確認した。日本側では槇文彦に了解をとった他には誰とも相談していない。ネットを賑わしていたような「ザハ案」の是非を私は問わない。国際コンペで署名のついたひとつの案が選ばれた事実だけを尊重する。過去三〇年あまり、国家級の国際コンペが世界各国で催され、現代都市が衣替えし、建築家のその社会への登竜門となってきた。審査が凡庸であり間違うことはしばしばあっても、それが実現していることだけが現代社会における建築家の存在証明になっている。政治的、経済的、文化的に数々の事件に遭遇して案が変更されるのは常道で、選び出された建築家がそれを最後まで見届けることが重要なのだ、と私は考えてきた。応募も審査にあたっても、この視点だけは変えなかった。私は「ザハ案」ではなく建築家「ザハ・ハディド」を擁護する立場に立つことに決めた。とはいっても発注側とは無縁である。海外メディアに向けて発信するしかあるまい。

二〇二〇年オリンピック東京誘致が成功したとき、プレゼンテーションのかなめに使われたイメージは国際コンペによって選ばれた新国立競技場ザハ・ハディド案だった。審査員長A1の主張（「世界が驚く東京オリンピック」、二〇〇九）がそのままの姿になっている。この地域の都市環境の文脈を知る建築家から批判抗議の声があがって以来、二年間もめ続けている。昨秋（二〇一四年一一月）、私の見解をまとめて海外特派員クラブで発表した。提案は、開会式場を二重橋前広場に仮設会場を設けてそこで開催しようというものである。一〇万人の観客をスタジアムに閉じ込めるのではなく、一〇億人の人がライブで楽しめるような都市的スケールの広がりを持つメディア時代にふさわしい開閉会式を、江戸城の石垣を背景とする広場を舞台として行おうという主旨である。この時点で発表された修正案のまま進行すると、東京の次世代は巨大な無駄なお荷物（ホワイトエレファント）を背負い込むことになるともいった。〈アーキテクチュア〉の政治的「決定」が社会システムを動かし始めていることを念頭に置いて、次の文章を書いた。私としてははじめての政治的文書である。

新国立競技場　ザハ・ハディド案の取り扱いについて

磯崎 新

一昨年、国際コンペによって選ばれたザハ・ハディド案は、二一世紀の都市的施設として、運動競技のスピード感を呼び起こす、優れたイメージをあらわすデザインであると感じ、東京都民のひとりとして支持してまいりました。

ところが、数日前から開催されている「ザハ・ハディド」展（東京オペラシティアートギャラリー）で詳細にわたり発表されている修正案を拝見し、当初のダイナミズムが失せ、まるで列島の水没を待つ亀のような鈍重な姿に、いたく失望いたしました。このまま実現したりすれば、将来の東京は巨大な「粗大ゴミ」を抱え込むこと間違いなく、暗澹たる気分になっております。

コンペの選考発表以後、さまざまな立場からの意見が発表され、さらに実現のためのアセスメント、プログラムや予算の見直しなどがなされたあげくに、この修正案が作成されたと伝え聞いております。環境への配慮、過重なプログラムの再編、適切な予算への整合など、重要な施設がつくりだされる過程でいかなる場合でもたどらねばならない道筋です。とりわけプロフェッショナルな建築家であれば当然の仕事です。にもかかわらず、修正案は当初案への賛否いずれの側の人達もが満足できない結果になりつつある。すべての関係者がオリンピックの歴史に誇れるようなデザインを求めてきたことを私は疑っていません。ところが間違ってしまった。

捻れが起こってしまったのです。

私は建築家としてこれまで多くの国際コンペに審査員や応募者として関わってきました。一九九二年第二十五回夏季オリンピック（バルセロナ）の「パラウ・サン・ジョルディ」、二〇〇六年第二〇回冬季オリンピック（トリノ）の「パラスポーツ・オリンピコ（パライソザキ）」などの主要競技施設の設計者に国際コンペを通じて選ばれ、その建設過程を経験した建築家として、現在の新国立競技場デザインの取り扱われ方を憂慮しているひとりです。

巻には、さまざまな意見が流れております。

一、国際コンペの正統な手続きによってザハ・ハディド案が選ばれたことをあくまで尊重して下さい。

二、その当初案が神宮外苑の環境に適合しないという有識者、建築家、市民の批判を正当な見解として承認して下さい。

三、国際コンペの与件としてのプログラムが過重であったためにさまざまな期待がふくれあがり、適切な予算をはるかに超えるデザインになった事態を冷静に反省して下さい。

四、新国立競技場をオリンピック誘致の「目玉」に位置づけたキャンペーンがなされましたが、このイメージに国際コンペの手続きとともにメディア上では国際公約の役割をさせていた事実を消し去らないで下さい。

ここに述べた事態は私見ではなく、メディアに流れている見解を整理したに過ぎません。相互に矛盾しています。だが現在のまま進行してしまうと、この議論において指導的な役割をしている人々全員が後世に恥をさらすことになります。国際的に類似の事例を経験してきた建築家のひとりとして、次のように考えます。

A、サスティナブルな競技場として現在地で更新するが、一過性のイヴェントであるオリンピック開会式にはつかわない。オリンピック競技場の基準にそったフィールドに整備すると同時にポスト・オリンピックに運用されると思われる諸施設を組み込む。群衆の流れなど周辺環境に配慮し、景観形成に細心の注意をはらう。

B、主競技用のフィールドで開会式を打ちあげた、かつてヒットラーの演出したベルリン大会以来のフォーマットを超えるメディアの時代のライブ性（十万人程度でなく、同時に十億人がテレビを見る）をいかす舞台として、二重橋前広場で二〇二〇年の東京オリンピック開会式を挙行する。

江戸城の堀、石垣、櫓を背景にして、競技場フィールドより広い舞台を前に立体的な桟敷を設ける。約十二万人収容可能。五十に分解できる。終了後、全国各県にオリンピック記念公園（競技場）をつくり分散移設。空中を飛翔するカメラをはじめ、あらゆる角度からの映像を全世界に流す。

C、国際コンペの審査結果を尊重する。この段階の決定には一般的に二つの解釈がある。①、「案」を選ぶ。そのままの姿で実施する（建築家は無名で、案の物理的な姿を評価する）。②、その案を作成した「建築家」を選ぶ。プログラムに変更があるとき、その建築家が条件に適合する新しい案の作成者になる。（建築家の潜在的能力が評価される）

新国立競技場案が迷走している理由は、①、「案」をえらぶ、ことに固執してしまって、自縄自縛に陥ったためだと思われます。諸条件が②であるべきなのは当然の流れなのに、何故かザハ・ハディドという署名入りの案を選んだと関係者が思い込んでしまった。国際コンペの通念に無知、無理解、無責任な判定が、すべての流れを捻らせたのです。

私のかかわったオリンピック施設の場合は常に②のケースでした。私は新しい条件に対応して、更に新しいアイディアを加えて、実施設計から管理までつき合うことができました。プロフェッショナルな建築家であれば、状況の変化に柔軟に対応できねばなりません。今回の当選者ザハ・ハディドは、三〇年前に私はその才能を発見して、その後いくつかの共同の仕事をやった建築家で、彼女のプロフェッショナルな能力は抜きんでており、どんな困難な時でも自ら主体的に参画していれば、自らの署名をそのデザインに残しうる人です。修正案にはその片鱗もみえない。歴史的な誤謬がおかされた、と言わざるを得ません。

今からでも遅くない。当選決定（国際公約です）の時点に立ち戻り、二年間の賛否両論はプログラムの検討スタディだったと考え、ザハ・ハディドにその条件を受けてあらためてデザインを依頼する。彼女はそのような対応のできる建築家です。

そのうえで、最終選考の際、対抗案として比較されたと伝えられる、ＳＡＮＡＡ案の作成者妹島和世にプログラムに含意されていたオリンピック開会式場のデザインを依頼する。今後の開会式場の扱いは、二〇二〇年東京大会をプロモーションしてきた方々の責任です。

アリーナ型の昔ながらのサイズに閉じ込めるのではなく、東京を超えて日本の中心である光景を背景に世界に向けてイヴェントを発信する、二十一世紀型オリンピックの新しいフォーマットを、ここ東京でつくりあげることになります。

（二〇一四年一一月五日　国内外報道機関への配信意見書より）

世界中の主要メディアがとりあげた。文化・建築欄であった。二〇一五年正月の時点で、目立った動きはない。国連本部の原案がル・コルビュジエ、オスカー・ニーマイヤーの素案であるのに、ウォーレス・ハリソン事務所が実施して完成したため、原案の設計者たちはみずからの作品と認めていない。九・一一グラウンド・ゼロのコンペで採用されたダニエル・リベスキンドの原案は、アメリカ建国年のフィート換算（一七七六年）のアイディアだけを用いてSOMのデイヴィッド・チャイルズの設計になる1ワールドトレードセンターとして完成した。

リベスキンドも排除されたのだった。

新国立競技場の修正案がこのままの姿で実現するならば、ザハ・ハディドも嘆くことになるだろう。ル・コルビュジエ、ニーマイヤー、リベスキンドと同じトラップにはまってしまった。私たちの社会はアーキテクトをパトロネージュするすべを失ったのであろうか

(『磯崎新建築論集　第八巻』岩波書店、二〇一五より)。

「魔女狩り」――決定の諸段階

「魔女狩りというわけではないが……」と語られて以来「ザハ案」は標的にされつづけた。昨夏、「撤退」がなされるまでの二年間を振り返ると、結果として海外勢が設計・建設段階から完全に排除されている。「魔女狩り」が実際になされてしまったといわざるを得ない。誰が仕組んだのか、特定の人物の名指しはできない。メディア上でひたすら賛否の両論が戦わされたが、かつての縄文論争や巨大建築論争のように、それをリードした特定の個人名はみいだせない。ネット上に無数のコメントが飛び交った。どんな司令があったわけでもないのに、先に私がまるで「踏み絵」のようだ、と感じたという気分が建築界を覆っていた。実施設計案が提出された二〇一五年春以降の変転をみると、「案」についての評価基準が暗黙のうちに浮んでくる。三つの段階に整理できる。決定の型である。まずは環境との親和性に集中した文化論的決定段階、ついで建設コストが議論された経済論的決定段階、「ゼロ・ベース」差し戻しとなる政治論的決定段階である。その都度評価基準が変わるが、今から振り返ってみると、告発、裁判、判決の段階が踏まれているところは一七世紀に突然発生して、社会的ヒステリー現象とまでいわれた「魔女」裁判の過程とそっくりにみえる。あのとき、「魔女」は公衆の見守るなか、広場で絞首刑にされ、姿を消した。二〇一五年の日本列島において、「ザハ案」も同じく姿を消した。

ボストン近郊の港町セーレムの魔女裁判では、無実の女性が次々に告発され、絞首された。後にこの裁判が不当であり、誤りであったと公式に記録されてはいるが、判決が執行された事実は消えない。同じ具合に消された「ザハ案」が復活する手がかりは閉ざされている。セーレムはごく普通の港町であったのに、ある日突然隣人に疑いの目を向け始め町中に伝染した。あげくに全米で住民人口にたいして、最高のパーセントで「魔女」を処刑した記録を持つことになった。大森貝塚の発見者でしられるエドワード・S・モース、彼の推薦でお雇い哲学者として来日したフェノロサ夫妻はいずれもこのセーレムの出身者。明治初年にそれぞれ考古学、美術の領域での日本への貢献は高く評価されているが、日本国家（国立工部大学校＝東京大学）は、短期間で両者を解雇しているところをみると、この列島には、先端的な文化を受容はするが、それが根付くことを怖れて、すぐに排除してしまう、文化的排外主義が根強くあるようにもみえる。

審査委員長A_1『東京の地霊』の著者故Sなどが主導して「ザハ案」が選ばれたとき、フェノロサの同僚であったお雇い建築家ジョサイア・コンドルの研究者でもあった故Sは、鹿鳴館（一八八三、コンドル設計）が文明開化の時代に日本文化に与えた影響と同じようなインパクトをこの「ザハ案」に期待していたに違いあるまい。同時に熱狂、冷却、忘却（排除）を短期間にたどることになった鹿鳴館の命運を「ザハ案」が反復することを予想していたかどうか。私は故Sは「地霊のなせる技」と応えるに違いあるまいと先稿に記したが、文化論的には説明可能ではあっても両者がともに文化的には国家的事業ではあるが、その日本国家が帝国主義的対外進出、そして戦争にいたる国家的総動員へと政策を再編する過程での出来事であったことに注目してみるべきだろう。鹿鳴館文化についてはすでに多くが語られている。「新国立」競技場は「安保法制」の成立と並行している。いまや文化論的決定では決定不可能となり「内閣マター」に持ち上げられている。つまり政治的決定が優位になったのである。

鹿鳴館の時代に社交界の花形だったフェノロサ夫人が魔女狩りで知られるセーレム出身者であったことが「ザハ案」の排除と関わるとは思えないが、伊藤博文にも強い影響力を持っていたと伝えられるフェノロサが、ボストン美術館へ単身赴任してひとり日本に残されたフェノロサ夫人のはなやかな社交界での振る舞いを、その周辺にいた日本人たちがいかなる眼でみていたか。噂話程度の記録しかないとしても、鹿鳴館も「ザハ案」もともに日本列島にとっては海外から招かれた新たな文化的象徴であり、伝統的文脈を断ち切って国家的事業の象徴のように眼前に異形をあらわした点において社会的関係性は類似している。しかもその中核に据わっていたのは女性である。「魔女狩りというわけではないが……」と語られてから二年過ぎるとやっぱり「魔女狩り」だったのか、と納得させられる結末を迎えてしまった。鹿鳴館の政治的関係者は失脚し、ジョサイア・コンドルの設計した建物は、不吉な記憶を消すように撤去された。ＩＳがパルミラを破壊しているかのように。

5 「空地」が生まれた——二〇一五年一二月

このたびは粗大ゴミ

祝杯を挙げる程の事態ではない。隈研吾が大成建設に雇われ、ザハ・ハディドが撤退した九月段階での第二幕となる「設計施工一貫方式」による公募受け付けがなされたとき、すでに二〇一五年末の「A案」に決定という内閣の発表は予想されており、強いていえば「負ける建築」をアイロニイではなく、シニシズムとして主張してきた隈研吾と組むことにした、二年前にいったんは政府の決定によって主工事業者とされていた大成建設の「読み」の勝利である。今回の政治的決定は白紙状態に戻されたうえでの新しいプロポーザルコンペ（入札）とはいわれているが、すでに二年前に、「ザハ案」がまだイメージ段階であった頃、オリンピック関連事業が大手ゼネコンにふり当てられ、設計図に基づく積算を競う入札ではなくプロポーザルによる資格審査がなされて既に担当が決められていたゼネコン二社に、業界用語でいう「相見積もり《アイミツ》」として、A案、B案をあらためて作成させたに過ぎず、この結末を日本建築界の総力を挙げて設計（デザイン）コンペがなされたとメディアで騒ぎたてる程の結末ではもはやなかったのだといわざるを得ない。いったんは失敗した日本が打ち上げた金星探索機あかつきが予定軌道をはずれたのを五年後に追いかけて軌道修正に成功したニュースと似て、A_2内閣のもと、国立競技場の改築を段取りしたテクノクラート官僚が昨夏、大汗をかいて起案したコンペもどきが作動して、ひとまず軌道修正できたよとニタリと笑う顔が思い浮ぶ。古来の用法で、もどき（模倣、擬制）とは、カミの信号を受信した巫が発する呪文をわかりやすく再語りする役であるが、ここでは贋物が本物らしく振る舞うガセネタ語りをいう慣用法にしたがって「コンペもどき」と呼ばざるを得ないような手続きを経て、コスト上限と工期限定という縛《しば》りを評価基準にしたわけだから、もはや民意（？）が期待していたイメージの飛翔する余地はなく、並みのレベルのビルディング・タイプとしてのスタジアムもどきとなったかにみえる。設計案が施工に移行する際、修正・補正段階を経るのは常道なので、A案が実現したときにいま発表されたイメージが如何様に変っているのかの予想はつかないが、コスト・工期の縛《しば》りはあり、その枠内で一括請負契約がなされるのであろう。昨今の新聞一面トップを飾る完成予想図において、コンピューター・レンダリングが魅力的に強調しているとはいえ、全世界いたるところにできつつある大型スタジアムのスケールと変らないわけであるから、できあがりのスタジアム空間は凡庸の一語で片付けられて、もはや国際的な話題になることは期待できそうにない。とすれば、伊東豊雄がデザイナーとして雇われたB案が排除された審査結果をみると、この案もいずれ予算・工期の縛りがかかり、A案デザインと似た結果に陥ることも予測されるが、ともあれ実物に自らの署名を残さずに、デザインは高く評価されたという記録だけ残したことで、むしろ祝福したい。どうせアンビルトになるならば、もう一息突っ走っておいてもらいたかったなと思う。「みんなの建築」ねらいは平均的凡庸の袋小路にしか到達しないらしい。いいかえると今回のコンペもどきはイメージの創出というデザイン問題の埒外であることがはっきりしたのではなかったろうか。

新国立競技場のデザインにおいて期待されたのはナショナル・シンボルとしてのイメージであった。すなわち「力」の集約体としての国家的建築デザインの模範解答である。A案は「負ける建築」、B案は「みんなの建築」。いずれも真正面から「力」の集約体のイメージの創出と取り組むのではなく、その「力」を回避し、なりゆきまかせで放置する、正攻法を避けて逃げを打つ方策をみずからの建築主張にしていたというべきだろう。それぞれのデザインの作者が正確に何を契機にこのような建築の「力」を回避する思考をはじめたのか、私はその日付となる資料を持ち合わせていないが、推量すると日本列島を襲った二度の巨大災害、一九九五年の阪神淡路大震災、二〇一一年の東日本大震災を心傷として受け取ったと考えている。このとき都市を構成していた地上建造物が破壊されただけでなく、火災と津波によって、人的な損失も過大であった。関東大震災（一九二三）、第二次大戦の都市破壊（一九四五）に出逢っても、近代都市、建築の建設の方針にゆらぎもみせなかったのに、このときは列島の都市と建築の存在が根底から問われた。A案の作者のいう「負ける建築」、B案の作者のいう「みんなの建築」という主張は関西を襲った都市インフラの全面的壊滅と、東北太平洋沿岸を襲った大津波にはさまれた零年代にそれぞれ発表されている。いわば神戸災害の光景が人為を超えた自然力に打ちひしがれたようにみえ、その「力」とは建築に求められた「力」ではなかったかと同一視して自問することによって、建築デザインの無力を思い知り、それでも建築がつくりつづけられねばならない事態を職能的に正当化する方策が探されるなかから肩透かし風の態度表明に到る。さらに三・一一の大津波に出逢い、剛構造しか手持ち対策のないテクノクラート官僚が政策提案へと持ち込んだ国土強靭化法などとは同調しなかったのはいいが、そこで空気を読んで柔い建築を探しはじめている。にもかかわらず強靭化＝「力」と誤認しているヤンキー的ノリの旗振りをやっていたクラスIの$M_1A_1S_1$の面々の意向の独走が事態を逆走させ、これが政治的に「ゼロ・ベース」にもどされたのはいいとして、改めて提出された案はいかにひいき目にみても、八万人収容スタジアムというプログラムの基本的間違いをそのまま図面化しただけの単なる箱物公共建築としかみえないデクノボー。ホワイトエレファントに喩えてあった「ザハ案」でさえ、ある種のエレガンスを持っていたのに、このたびはあっけにとられる程の素朴きわまりないプログラム直訳建造物になり下がってしまった。アイロニカルな「負ける建築」ではなく、リテラルに「負けてしまった建物」といわざるを得ない。次世代にとっては負の遺産であることに変わりはない。晴れた日には神宮外苑の森越しに富士山がみえると付近の住民に喜ばれている地上の建造物が撤去された二〇一六年正月の現状は地上に「何もないことの眩暈《めまい》」（岡本太郎）の逆説を想起させる。

着工以前からマイナス・レガシーになることが予定されている新国立競技場は、これができあがるとあらためて環境破壊する障害物になることは違いあるまい。A案を制作した建築家が間違ったのではない。このコンソーシアムは大汗かいて起案したテクノクラート官僚が要望しているプログラムに適合するべくプロフェッショナルにデザインしたのであって、さし当り手続きに齟齬はない。根本的な間違いを犯したのはこのプロジェクトを推進して「決定」を重ねた日本国である。審査会はデザインでは評価の高かったB案を退ける理由に、工期、工事費においてA案がまさっていたと説明する。国会答弁のような官僚的報告でこれが出来レースであったことは九月に二社しか応募しなかった段階で巷間では予想されており、たとえれば、配当率がもっとも低いたぐいの競馬レースでしかない。私が懸念しているのは、A案、B案ともに公募要項で「配慮」を要請されていた「日本らしさ」に「木」を使用する解答を示していたことだ。「木」の使用もふくめて工期、コストの縛りが入る条件のなかでも、日本の現代建築を思考している点では同等であるA案、

B案の制作デザイナーはこんな縛りをはねかえして、逆転ホームランを想わせるようなアイディアで「ナショナル・イメージ」をつくりだせる人たちだと私は信じていたのに、「そっくりだ、どこが違うの?」と巷間で語られているような案をつくってしまったことに、私はガッカリしている。敵失で延長戦が決まったときの応援団の気の抜けたような気分である。一昨年、「日本の水没を待って泳ぎ去る亀」と「ザハ案」を喩えて私は顰蹙をかった。今回のA案、B案には喩える言葉もない。現代日本建築は救い難い頽廃に陥ったとみえる。

ザハ・ハディドを援護する

採点評価法によりA案、B案を評価する、と発表されたとき、まっとうな国際コンペでは避けられている方式を敢えて用いることにより、規定の段取りへと押し切る魂胆であると察せられ、元宰相某が「ワイマール憲法下でもナチが政権奪取したやり方を学んだらどうだ」と本音を語ったことを想いだす。A_2内閣はこのメディアが批判していた「失言」を黙って実行している。採点評価法はデザインやコンセプトの評価が突出することを避け、建築的評価にはかかわらない工法や技法やときには裏金にからむようなアイテムの割合を増やし、ロビー活動により操作しやすい審査員をコントロールできる。衆愚政治の見本といわれた貝殻投票に近い構造になっており、今日ではテクノクラート官僚が間接コントロールできる技法である。一見すると民主的審査にみえるが、専門家を騙るに都合がいい。だがその結果は突出したユニークな案を排除して偏差値を下げる。角をためられた無益無害な案が選ばれ、衆愚政治のメカニズムに近いとされる由縁でもあるが、そもそも、間違った巨大プログラムを東京に残されたわずかな聖なる場所に、障害物のごとく出現させるのは、市民にとって有害という他はない。新国立競技場をA_2内閣が承認したこのプロセスは、同時並行した「安保法制」の強行採決から眼を逸らす隠蔽操作であったことも明らかになり、A_2内閣の政策を起案するテクノクラート官僚は、A_2内閣の無様な段取りを巧妙な操縦法に切り替え、今回の第二段階の疑似コンペを組みたて、海外勢を排除しながら、ナイーヴな建築設計業界と宣伝デザイン業界をなめきった衆愚政治的再審査を強行して、昨夏の熱狂的混乱を一挙に沈静化させようとしている。メディア報道ではA案、B案の投票（採点）が接戦であり、紅白歌合戦のようにどうでもいい勝者をアメリカン・アイドル風の選考風景をモデルにして盛り上げようとしているが、ポスト・フェストゥム段階の常道で、いずれの関係者もとっくに醒めている。ただひとり真剣だと思われるのはゼネコンの営業担当者であっただろう。二年前にいったんは指名され、下請業者の手配、規格外の使用材料、現場作業員の確保、フクシマ第一とオリンピック需要のため、インフラ的に高騰《スパイラリング》するコストアップを想定したのにもかかわらず（戦争準備と同じである）クライアントであるJSCが口約束してきた名誉ある「国立」建築物受注が「ゼロ・ベース」決定により反故になった。再入札とは何ごとだ、と怒り心頭であっても、今は一介の民間業者、グッと我慢してブラック企業並みの再度積算業務。ドジばっかり踏みつづける政府のテクノクラート官僚の顔を潰さぬようにせぬ限り、受注を逃すこともある。

採点評価法による審査結果でホッとしたのはこのゼネコン営業担当者だけではない。むしろ「ハイパー談合」（第一章）を官民間で組み立てたロビーイスト的な政治家と、業界事情に精通し、発生の予想される公共事業をとりおこなう官官、官民、業界の間でも表にはあらわれぬ網目状の情報交換で仕事が流れていく戦後七〇年間変わることのなかった癒着構造が流れ続けてきた土建国家日本としての列島の「常態」が存続しているからには、ちょっと手間取ったが、結果は予定通り定常化したよ、と正月の祝い酒がくみ交わされているだろう。

一昨年秋、私は「ザハ案」ではなく、国際コンペで選ばれたザハ・ハディドを援護しようと考えた（第四章）。テンコ盛りのプログラムをクライアントが冷静に再検討し、当時対抗的に提案されていた諸案のいずれかを選ぶのではなく、その意図を予備スタディとして理解したうえでザハ・ハディド事務所にあらためて零から設計をやり直させる。「ザハ案」は潰れるがザハ・ハディドの署名は残せるだろう。まずはクライアント側の緊急処置を期待した。コンペで選ばれるのは「案」ではなく、事態の変化に柔軟に対応できる選びだされた建築家の「可能性」にあるのだと主張した。このとき私はクライアントの責任あるプログラムを再編する能力と、ザハ・ハディド事務所の契約条項を超えて、最良の解法へとデザイン再編への努力がなされると期待していた。私の情況判断が甘かったといわれればそれまでだが、関係する個々人の判断とかかわりなく、「契約業務」が膨大な人的エネルギーをかけて進行していた。テクノクラート官僚は前大戦中の陸軍参謀本部と同じく頑迷であった。「ザハ案」実施設計チームは契約業務を遂行するだけの方面軍司令部に似てたんに頑固であった。ノモンハン事件のときのように戦線の悪化（コストアップ）と作戦の失敗（キールアーチ）に対処することができず敗走（「ゼロ・ベース」）に到る。日本陸軍は責任者を自決させたうえでこの事件の記録を抹消してしまったといわれている。このたびは外国勢を全面排除することによって、第二段階プロポーザルが行われた。先回は名誉《プライド》、今回は「日の丸排外主義《ショービニズム》」。「失敗に学べ」というハウ・ツーなどは見向きもせず、わがテクノクラート官僚は相変わらずプライドだけは高く、歴史の失敗もなかったことにする習性だけは保持しているらしい。「ザハ撤退」報道の前日まで、私はザハ援護をつづけていた。良い悪いは問わずに、国際コンペによって選ばれたという事実を最優先事項として尊重すべきであると考えた私の判断は、このとき「失敗」した。その「失敗」の理由を問うために、いま『偶有性操縦法』を書いている。プロジェクトの「決定」構造が複層化していたためだと考えた。なにしろ関係者が誰ひとり決定的な「決定」をやったと思っていない。しかも関係者間に共通の決定基準もなく、思い付き、好き嫌い、比較的、仕方ない……さまざまな恣意的な「決定」が積み重ねられて、ドンづまりの破局に到達する。まるでドミノ倒し状態であった。この有様は重層的、位相的、網目的、偶発的、恣意的などと語られてきたが、避けられているのは、かつてはヘーゲル的な透明性として基準にされていた確実な唯一解、つまり正解である。当然ながら唯一者の「決定」など存在しないことである。

　勿論近似的な解答を求める手法として、ビッグデータや世論調査統計が内閣支持率や株価指数の処理に用いられ、そのための数理的処理が開発されている。プロジェクトをすすめるためには、まずは「決定」がなされねばならない。元来、データは参考にされ、証拠にはなったとしても決定的ではなく、評価基準が変えられれば逆転もできた。力関係により操作もされ得た。たとえばデザインが決定される際には、同時に提出される見積額は参考程度の扱いであるから、「ザハ案」が選ばれたときには、たったひとつの評価基準が暗黙の了解事項として作動していたと思われる。長年私が国内外のコンペ審査に関わった理由は、通念を破り、新しい情況を切りひらく程の力を秘めた無名の案もしくは作者をそんな審査のなかで発見できたと考えているためだ。ベルナール・チュミ（ラ・ヴィレット公園、一九八二）、ザハ・ハディド（香港ピーク、一九八三）、アレハンドロ・ザエラ・ポロ（横浜港大さん橋国際客船ターミナル、一九九五）、伊東豊雄（せんだいメディアテーク、一九九五）、レム・コールハース（CCTV本社、二〇〇二）など。他にコミッショナーを数多く引き受けたのは、コンペの複雑な手間を省くためであって、新人を推奨する理由に変わりはない。

PM不在

だが、大型の公共的プロジェクトのなかでは担当建築家の決定は数多く重ねられている「決定」のひとつに過ぎない。ひとつのデザインをビルド（施工）する複雑なプロセスを経ねばならない。工事費配分で建築デザイン業務は全体の数パーセントに過ぎない点に注目すれば、プロジェクトの評価基準は建物（ビルディング）を工事するためにあり、デザイン（芸術性《アート》）を付加価値にする文化的建築（アーキテクチュア）ではないことに留意すると、経済的（コスト）決定が優先することは自明の理とされており、ゼネコンに「一括請負」させることですべてのリスクをのみこませてきたのであった。さらに国立と呼ばれる物件では政治的な利権に配慮する政策的判断が優先されるため突出したデザインが避けられてきた。ここまでは従来型で、前川国男が「日本の闇」と嘆いたがんじがらめの守旧派ビューロクラートの組み立てた方式であった。情況が決定的に変化したのは前世紀末頃ではあるとしても、その兆候は列島においては公共的開発手法に「民活」を使いはじめた八〇年代中期、中国では鄧小平の『南巡講話』(一九九二)以来のこととされている。このとき、都市開発に流動性の金融資本が参入しはじめ、プロジェクトの社会的構造が「計画」から「投機」へと変換した。都市インフラや都市スカイラインの形成も、それを文化的事業として、批判的に語ることも無効になり、前景に開発資本の流れが立ちあがってあらゆるレベルでの「決定」構造が変化しはじめた。これまで記したことの繰り返しになるが、社会的「決定」が多次元的、多領域化して、同時多発的な連鎖になりはじめる。主たる決定者が不在となったのである。にもかかわらず、何らかの決定がされない限りプロジェクトは遂行しない。だがいくら決定を重ねても最終的「決定」に到達できない。偶有的《コンティンジェント》状態になった。この決定の網目をかいくぐるためには航路図のない航路を航海する航海士のような運転法を習得し、予測不能の障害物に衝突することを細心の注意で避ける他に手段はない。PM(プロジェクト・マネージング)が専門職として登場したのは、こんな情況に対応するためである。かつては建築家がその役をやっていた。だがプロジェクトが大型化するにつれて、従来型の建築家では対応不能となる。建築家のプロフェッションが陳腐化してしまったと言えば滑稽に聞こえるが、この職業は新しい情況から忘れ去られたといえるだろう。

新国立競技場のデザイン・イメージをめぐる昨夏のドタバタ劇は瞬間的な判断が要請される多元的な決定が連鎖的になされながらプロジェクトが進行していったその過程をトータルに制御する役が存在しなかった、つまりPMが不在であったという単純な事実が引き起こしたアナクロニックな事件だった。かつての公共事業では発注者としてプログラムを制作したテクノクラート官僚が現場の監督をやっており、建築家がそのデザイン部門の管理を完工にいたるまで現場で行っていた。設計施工分離、マネタリー・ベースによる分割契約の積みあげ方式だけで進行するシステムになって以来、クライアント、設計者、施工者のいずれもがトータル・マネージングができなくなっている。誰でもが参加できる発言権を持っている、それが民主主義的な正義だとする今日のプロジェクトの構図が、専門的職能性を発揮する場に足枷のようにまとわりつき、凡庸な平均化へ落としこんでしまう。かつてビューロクラティックな全体主義が、均質な凡庸を生み出した（ナチズム、スターリニズム、マオイズム）ことの批判として、全員参加型（ネオ・リベラリズム）テクノクラシーが政治体制を問うことなく全球化し、そのなかで民主主義的と呼ばれる誰でも（みんなの）参加できる正義のシステムが編成されたとはいえ、結果は平均的凡庸しか生み出せない。ひと騒ぎしたあげくにレベルダウンしてしまう皮肉な結果となってしまった。

すなわち、国際コンペで選ばれたザハ・ハディドの名誉の援護に「失敗」したのは、クライアントであったテクノクラート官僚機構には高度なPMが作動していると期待した私の誤認であった。ドタバタの過程を観察して、ザハ事務所の公的見解はPMが発言していたが、登場したのは事件化してからの後始末であり、選ばれてから三年間は昔ながらのビッグネーム建築設計事務所対応に過ぎなかったし、対する日本側の協力事務所、既に指名されていたゼネコン、同時に過程を監督する立場のJSCにおいても、全過程を見渡しているPMが存在しなかった。事件化した後の責任のなすり合いは、PMの必要性さえ理解していなかった証拠である。国際的プロジェクト事情にまったく疎いわがテクノクラート官僚機構はそれを指揮するはずの政治家ともども、大型プロジェクト推進能力に欠けていたというしかないとしても、昨夏のエンブレム、目玉物件《ショーピース》のいったんきまったデザインの廃棄は、わが列島のプロジェクト管理機構の機能不全を世界にみせたことになり、五年前のフクシマ第一の後手後手の対応とともに、政策推進機構の劣化をライヴで世界にむけて発信したのであった。

古風な言い回しを使うとA案、B案ともに建築デザインとしての志が低い。この両案をJSCが発表したとき、「オール日本」の実力を示せとばかりに息巻いた面々でさえ、落胆したと思われる。もう醒めていた熱狂はさらに冷却したらしく、あらためて古風な喩、「幽霊の正体見たり枯尾花」が想い浮かぶ。世間はあっけにとられたのか海外メディアのみならず国外メディアにも目ぼしい論評はなく、醒めきっている。皮肉に解釈するならば「負ける建築」がオリンピック目玉物件《ショーピース》として選びだされたわけだから、今回の東京オリンピックにおいて「オール日本」は戦わずして「負け」ている。それにしてもA_2内閣は愚案としかいえないA案を承認してしまった。

奇跡的に「空地」がうまれた

二〇一六年正月の快晴の東京からは富士山がのぞめた。仮囲いされて整地された新国立競技場用地の光景をみて、昨年暮、A案、B案が発表された際「ひどい、こんな案はつくらないでほしい」ととっさに想った瞬間をいまいちど反芻した。長年、国際コンペにつき合ってきた経験から、その直感はすぐ口にすべきではなく、あらゆる角度から検討したうえで説明できるロジックがみつかるまでコメントは控えるべきだと思ってきた。旅にでた。一極集中しつつある東京を、その周縁から眺めてみたいと考えた。まず奈良、春日若宮「おんまつり」の「遷幸の儀」に参列し、仮設のお旅所の土壇で奉納される諸芸能を拝見したうえで、沖縄久高島で「イザイホー」の催された「クボウ御嶽《うたき》」の痕跡を尋ねた。日本列島における祝祭の場の原型を、二一世紀に東京であらたにつくりだされるべき祝祭の場と比較したいと考えた。

A案、B案ともに廃棄せよ！　そして、空地となっている神宮外苑の現在地を「原ッパ」として残せ！

IOCが誘致基準をひとつの都市から周辺の地域へと変更しており（二〇一四年秋、私が意見書を発表した同時期にIOC副会長がオリンピック開催基準の変更を説明に来日、JOCが共同記者会見をしている。発表の壇上にはM_1の顔もみえた）、隣接県に国際基準を満たす施設はあるし、既に検討もなされており、二〇二〇東京オリンピック大会のために明治神宮外苑の施設を使わねばならない理由は消えた。特記すべきは、施設は仮設でもいいとされたことである。にもかかわらず何故か日本国はここに粗大ゴミになってしまう永久施設を建設することを企んでいる。「もんじゅ」と同じく失敗したプロジェクトであることが自明の理となったにも拘わらずさらに、その失敗の上塗りをやろうとしている。百歩ゆずってこの空地に仮設スタンドをつくりオリンピックに使ってもいいだろう。だが万国博が会場施設の基本としているように使用後はこれを取り壊して更地に戻す。それが一昨年、私が改案を要請する意見書を発表した際の主旨でもあった。

皇居前広場とともに段取りの手元がくるい偶然に地上にあらわれたこの場所は、いま東京の中心部に残されたひとつの大型空地である。先のロンドン大会では目ぼしい施設をつくれなかったため、文化活動施設の移転先に改造し、これをオリンピック・レガシーと呼んでいる。日本のメディアはその言葉尻を誤解して、硬直してしまう障害物件をレガシー呼ばわりしようとするが、いま出現しているこの空地こそが二〇二〇年の開催を待たず、既にオリンピック・レガシーになったのである。

新国立競技場問題は「ザハ撤退」の時点で終わっている。三年間のドタバタ劇のあげく、都心に大型空地が出現した光景だけがプロジェクト契約用語としての「成果品」となった。そして費やされた膨大な量の人的エネルギーやメディアに飛び交ったイメージ図はすべて「お蔵入り」になるだろう。ノモンハン事件は敗戦であったが故に日本側の記録は廃棄され、関係者は口封じされた。同じくこの件も、プロジェクト決定者たちが、誤認、失言、無知、無策であったことが新聞報道やメディア映像からうかがえるので、迷走の責任回避のためにもさしあたり「決定」者たちは何も語るまい。いつの時期かには戦史の空白が想像力を呼び起こす。藤田嗣治は、このノモンハン事件の「戦争画」を残した。現存する『哈爾哈（ハルハ）河畔之戦闘』には戦車の下敷きになった日本兵の死屍累々の有様の描かれた行方不明になったもうひとつのバージョンがあったといわれている。戦争のリアルにむかって彼も想像力を飛翔させていたのだった。だが、消えている。

神宮外苑の現在地はあらたに生まれた「空白」である。土地柄から聖なる空間になる可能性さえ秘めている。だが、この土地を、昨年末に発表されたA案、B案のような貧弱きわまりないデザインで埋めたとするならば、それははっきりいうと歴史的犯罪行為である。この物件は都市的障害物に転じるだけでなく都市的想像力を封殺さえするだろう。

昨年のドタバタ迷走は偶有性操縦の不手際に由来することは明らかであったとはいえ、解体工事を早まってやったあげく、偶然に（偶有的に）「空地」が出現したことにむしろいまは感謝すべきである。あの幽霊《ゴースト》イメージが枯尾花、いや枯れすすきの原ッパになったことが、新たな可能性を生み出した。まずは二〇一六年正月のたんなる荒地にみえる現在地の光景をしっかり眼底に焼きつけておいてもらいたい。ここは、魔女狩りの処刑地跡である。そして、現代日本のプロジェクト遂行能力の欠如が証明された記念すべき場所でもある。「つくるな！」という市民の声も含めて、無数の「決定」が重ねあわされたあげくに、「空地」という空洞を都市の中心部に生みだしたのだ。奇跡でさえある。

岡本太郎は一九五〇年代、『日本再発見』（一九五七）の旅で日本列島を北から下降する旅を続け、最後に沖縄にわたり、本島をくまなく巡り、石垣島にいたり、「琉球列島のどん尻まで来て、いよいよ何もないことを見きわめたとたんに、私の心は一つ大きく跳躍した」と記している。彼を「最も感動させたのは、意外にもまったく何の実体も持っていない――といって差支えない御嶽《うたき》だった」（『沖縄文化論――忘れられた日本』、一九六一）。縄文の火焔土器の美を発見して「縄文」論争の中心にいた岡本太郎は、このとき日本文化の核心を掴んだのだ。その章は「何もないことの眩暈《めまい》」と題されている。

この「空地」をあらたな御嶽《うたき》に見立てる。
この「空地」を大規模な文化的祝祭の場にする。

五〇年昔、岡本太郎は「何もないことの眩暈《めまい》」を感知した。さらにその五〇年昔、アドルフ・ロースは『装飾《オーナメント》と犯罪《クライム》』（一九〇八）において建物に装飾物（アート）を付加することを非難した。私は両者の論法に従い、東京の中心部に出現したこの「空地」を文化的祝祭の場に編成することを提案する。古来、日本の祝祭では何もない場所に仮設の館を造り、「まれびと」としてみえないカミを招来し、その前で祝祭を催した。祭りが終わると施設は撤去され、「何もない」場だけが保持された。その原型が久高島の「クボウ御嶽《うたき》」と対岸の知念岬の「斎場御嶽《せーふぁうたき》」である。前者は〈しま〉共同体、後者は琉球群島共同体を維持する祭場であった。その関係を現在の東京と世界の関係に継ぐ。明治神宮外苑の「空地」と皇居前「広場」をあらたに祝祭場に編成する。そのためにもこの「空地」には障害物を建てて欲しくない。祝祭が限られた期間に催され、その跡は「何もない」空白として残される。そしてこの祝祭は反復される。これが二一世紀に日本を存在させるための唯一の方策である、と私は考える。

皇居前「広場」を都市的祝祭の場に編成する提案は、「ザハ案」の取り扱いについての意見書で既に表明してある（『現代思想』二〇一六年一月号）。そして、このアイディアの歴史的パースペクティヴについては「プラットフォーム２０２０」（『atプラス』25号）で検討した。半年過ぎてみると、明治神宮外苑の旧国立競技場は解体され、地上は何もない「空地」になっている。これを皇居前「広場」と連繫して催場をつくれば、偶然ではあるが、東京でしかあり得ないスケールでの催事が組み立て得ることを私は悟った。これまで論議できなかった「空地」と「広場」をつなぐ祝祭「路」が浮かびあがる。

東西を問わず、祝祭は都市の街頭を練り歩くことだったことを想起しよう。謝肉祭の行列、パレード、列島各地の山笠、いずれも街中を通り抜ける。列島では春日若宮「おんまつり」にその原型が残されている。この祭りではみえないカミが深更の暗闇のなか、山腹の社殿をでて、先導する大松明の火の粉の跡だけをたよりに、黒木造りの「お旅所」に移動する。いっぽう太陽が昇ると興福寺を出発して奈良の町中を練り歩いた行列が、行宮前に築かれた土壇を舞台にして諸芸を奉納する。このとき上演される神楽、田楽、猿楽、「細男《せいのお》」、翁舞、舞楽などは日本の芸能の原型そのままといわれている。八八〇年にわたり反復しつづけたこの祭りの次第のすべてに列島の都市的祝祭の型がこめられている。みえないカミを招来する神事、たいして世俗の町民が芸能をもって町中を行列し、行宮前の空地で出会う。これが都市的祝祭の基本である。パンプローナの犠牲牛とともに町中を走り抜ける祭りも、京都御所を出発し上賀茂神社前広場に到着する葵祭りも市街地を練り歩く点では同じである。敢えて違いを指摘すれば、日本の祭りの施設は仮設的で一回性が基本で、その反復が永続性を保証している。たいして西欧では祭の催される都市の街路や広場ではモニュメントとして象徴物が築かれ、ファサードを持った都市建造物が取り囲む。広場を持たなかった列島の都市論を蒸し返すつもりはないが、想いかえしたいのは辻や河原や原ッパのようなインフォーマルな「空地」はあったということだ。ここに臨時の仕掛けを持ち込み、桟敷をつくり、仮宮を築き、祭りが催された。物（モノ）的思考と事（コト）的思考である。この東西都市のちがいは社会的慣習がそれぞれつくりだした。近代になってそれぞれの都市の発生に遡ったうえで指摘できる特性である。皇居前「広場」は今日のような扱いになってまだ半世紀しか経っていない。明治神宮外苑の「空地」の出現は昨年のことである。沖縄にみられる亜熱帯樹林のなかに不定形に切り開かれた「空地」である「御嶽《うたき》」と輪郭が不定形なところもよく似ている。いずれもまわりを森が囲っている。

近代の建築《アーキテクチュア》が呪縛されつづけたモノ（物）的思考にかえて、コト（事）的思考を介して都市的祝祭を構想する。いまその絶好の機会が出現したのである。この「空地」をあらたな「御嶽《うたき》」にみたてる。ここに全世界から「まれびと」を招き、大規模な文化人的祝祭を催す。

この奇跡的にうみだされた「空地」を間違ったプログラムに基づく現行案で埋めることは歴史的犯罪である。東京が東京であり、日本が日本であり、同時に地球上のひとつの場所であることを示すことのできる祝祭の機会が失われてしまう。何もない「空地」こそが次世代への最高の贈物なのである。

祝祭都市構想―プラットフォーム 2020 より
神宮外苑の「空地」と皇居前「広場」を結ぶ祝祭「路」

あとがき　磯崎新私譜

一九三一年（〇歳）　満州事変
一九四一年（一〇歳）　日米開戦
一九五一年（二〇歳）　朝鮮戦争
一九六一年（三〇歳）　キューバ革命
一九七一年（四〇歳）　世界文化大革命

物心ついてすぐに、我が家の先祖は慶長大地震の際、別府湾の海中に沈んだと伝えられる瓜生島から流れ着いた、と聞いた。

小学生の頃、軍艦のデザインをやりたいと考えていた。動くものの設計に興味を持っていた。

両親を亡くし、自宅は焼失、家財はのこらず処分されて上京。住所は転々と変り、東京流民となる。

グランド・ツアーとしての世界の旅に出た。建築は現場に立って考えるものだと悟り、仕事場をアトリエと呼んだ。各地を渡り歩く「流れ」職人を、モデルにする。

旅先で「方丈記」を英訳でよんで、はじめてこれが災害の書であったことを思い知る。仮設の小

一九八一年（五〇歳）イラン革命

一九九一年（六〇歳）ソ連崩壊

二〇〇一年（七〇歳）九・一一

二〇一一年（八〇歳）三・一一

屋こそが「建築」なのではないか。

「時は飛去する」とする道元の言葉を手がかりに「有時庵」を構想した。この頃、マンハッタンとサンタ・モニカのホテルが仮の栖であった。

還暦を機に、「無所有」を私の人生の信条と決めた。つまり流民のままでいること。マカオ沖に蜃気楼のように立ち現われる「海市」展を構成する。

近代住宅の名作をえらんで『栖十二』をメールアートの形式で発行した。自邸はふくまれていない。誰もが「流れ」建築家だった。さしあたり私はパラサイト。

まれびとが「うつふね」に乗って訪れる民話から移動演奏会場ARK NOVAのアイディアがうまれた。「方丈」が大八車で運ばれたように、これは折りたたまれてコンテナーに収まっている。いまでも次の寄港地をさがしている。

初出一覧

＊すべて初出論考に大幅な加筆修正をしています。

Ⅰ　理不尽なアーキテクチュア

1　津波と建築（『現代思想』二〇一一年九月臨時増刊号「Imago」を改題）

2　「フクシマで、あなたは何もみていない。」（日本ペンクラブ編『いまこそ私は原発に反対します。』平凡社　二〇一二年）

3　瓦礫と隊列（書き下ろし）

Ⅱ　偶有性操縦法《コンティンジェンシーマニュアル》

偶有性操縦法〜偶有性操縦法5（『現代思想』二〇一五年一〇月臨時増刊号〜二〇一六年二月号を改題）

磯崎 新（いそざき・あらた）

建築家。1931 年大分市生まれ。1954 年東京大学工学部建築学科卒業。丹下健三に師事し、博士課程修了。1963 年磯崎新アトリエを設立。以来、国際的建築家として活躍。世界各地で建築展、美術展を開催し、また多くの国際的なコンペの審査委員、シンポジウムの議長などを務めた。カリフォルニア大学、ハーバード大学、エール大学、コロンビア大学などで客員教授を歴任。建築のみならず、思想、美術、デザイン、文化論、批評など多岐にわたる領域で活躍。主な作品に、群馬県立近代美術館、ロサンゼルス現代美術館、チーム・ディズニービルディング、パラウ・サン・ジョルディ（1992 年夏季バルセロナオリンピックスタジアム）、パラスポーツ・オリンピコ（2006 年トリノ冬季オリンピックアイスホッケースタジアム）、深圳文化センター、北京中央美術学院美術館、カタール国立コンベンションセンター、上海交響楽団コンサートホール、日本侵華罪行館、アリアンツタワー（ミラノ市旧見本市跡再開発）の他、近年は、中国鄭州市鄭東新区の都市計画を手がける。

偶有性操縦法《コンティンジェンシーマニュアル》

何が新国立競技場問題を迷走させたのか

2016 年 4 月 10 日　第 1 刷発行
2016 年 7 月 25 日　第 2 刷発行

著　者　磯崎 新

発行者　清水一人
発行所　青土社
　　　　東京都千代田区神田神保町 1-29　市瀬ビル　〒101-0051
　　　　電話　03-3291-9831（編集）　03-3294-7829（営業）
　　　　振替　00190-7-192955

印刷所　双文社印刷（本文）
　　　　方英社（カバー・表紙・扉）
製本所　小泉製本

装　幀　松田行正

ISBN978-4-7917-6914-8